Company is Hope

公司就是希望

〔韩〕韩根太（Kuntai Han）◎著
王苏萍◎译

華夏出版社

图书在版编目（CIP）数据

公司就是希望 /（韩）韩根太著；王苏萍译．－北京：华夏出版社，2011.2

ISBN 978-7-5080-6085-9

Ⅰ．①公… Ⅱ．①韩… ②王… Ⅲ．①公司－职工－修养 Ⅳ．① F272.92

中国版本图书馆 CIP 数据核字 (2010) 第 229787 号

著作权登记号　图字：01-2009-6175 号

出品策划 

网　　址 http://www.xinhuabookstore.com

公司就是希望

作　　者 [韩] 韩根太
译　　者 王苏萍
责任编辑 李晓娟
图片来源 华盖创意（北京）图像技术有限公司
封面设计 思想工社
排版设计 蒋宏工作室
出版发行 华夏出版社
（北京东直门外香河园北里 4 号　邮编：100028）
经　　销 新华文轩出版传媒股份有限公司
印　　刷 北京通州皇家印刷厂
开　　本 720 × 1020　1/32
印　　张 9.75
字　　数 111 千字
版　　次 2011 年 2 月第 1 版 2011 年 2 月第 1 次印刷
书　　号 ISBN 978-7-5080-6085-9
定　　价 18.00 元

一个人死了以后去了天堂。他发现这个世界实在太美好了：可以随意睡懒觉，起床以后打打高尔夫球，晚上一边品尝着山珍海味，一边和美女饮酒作乐，可以随意看喜欢看的电影，想去旅行的时候就随时去旅行，想睡觉的时候睡觉，想起床的时候起床。没有人会干涉自己。这样过了几个月，这个人慢慢开始怀念工作了。于是他向天堂的负责人要求工作的机会。负责人严肃地说："我可以满足你任何愿望，但就是不能让你工作。"这个人很生气，心想自己的要求也不是什么很过分的要求，为什么不能满足？于是他向负责人要求去地狱。结果负责人说："你以为这是哪里啊？这里就是地狱！"

人的一生就是一场寻找生存意义的旅行，

工作可以帮我们成就此事。

再强调一次，公司就是希望

近来，几乎每一个我遇到的人都因为金融危机的影响叫苦不迭，有人甚至说从没经历过比现在更绝望的时候。尤其对面临就业的年轻人来说，现在的环境可以说是相当恶劣的。但有时想一想，活到这么大，我们经历过一帆风顺的时候吗？似乎从来没有过。对于企业的经营者来说，景气可能还有好坏之分，但是对于我这样的一介草民，景气向来都是马马虎虎，甚至是很艰难的：大学毕业的时候遇上了石油危机；退伍的时候遇上了光州学生运动；留学回来时虽然股价大涨，但同时物价也贵得吓人，拿了工资，连一双像样的袜子都买不起；如今，孩子长大了，又为了他们的教育经费而累死累活的。我的青年时代过得很不容易——通过不懈努力才在美国取得了博士学位。虽说工作以后工资并不比别人低，但因为是白手起家，所以一直非常辛苦。到底什么时候才能活得像样？希望到底在哪里？我一直找不到答案，前路茫茫，内心总是充满了不安。

每当想起公司这个词，我就心乱如麻，心情异常复杂。一方面我感谢公司给了我一碗饭吃，幸亏有了公司，我才可以娶妻生子，偿还银行债务；另一方面我又总是在想，这种无趣的生活到底什么时候才是个头。我总是不由得为自己付出的最宝贵的青春和时间感到惋惜。每天要见烦人的上司，做自己不想做的事情，总觉得自己应该做点别的什么事情，总觉得现在所做的工作是在白白浪费精力。就这样，我辞掉了原来的工作，开始了自己的营销咨询工作，后来又开始做大学教授，至今已有十年。

自 序

“不识庐山真面目，只缘身在此山中”，想看到山的全貌，就必须出山。职场也是如此，身在其职的时候，无法了解职场生活的意义所在。离开了公司，才了解公司对自己意味着什么，才了解公司的珍贵和价值所在。我的经历就是最好的例子，在公司的时候，我总是心怀不满，讨厌做分外的工作。

当时我在研究所做企划工作。因为英文说得比较流畅，每当有外国客人来访，我总被吩咐去接待客人、向他们介绍公司。“简直太烦人了！”除此之外，我还要负责新员工的培训工作，主要是“新员工职责和工作态度”方面的培训。之所以这样，是因为领导觉得我口才好。不仅是在总公司，我还要跑去龙仁的研究院做类似的工作，每个小时的报酬是一万韩元左右。虽然我并不讨厌教人，但也不太情愿做这样的工作。另外，我还要负责给公司内刊撰稿，有时候是代替上司，有时候是以我自己的名义。百忙之中抽空写文章确实不是件容易的事情。我甚至曾经跑去和劳工协会的人会谈，说服他们接受我们的意见。和这样语言不通、可以说是“道不同”的人见面，对我来说本身就是一种折磨，更何况每天在非常难伺候的上司手下工作，也不是件容易的事情。

现在回想起来，这所有的一切对我来说都是宝贵的财富，那段时间是经验积累的黄金时期。因为有了那时候撰稿的经验，后来我才有能力写了十多本书；因为有了接待外国客人、培训新员工的经验，现在我才能把企业培训做得有声有色；因为伺候过很难缠的上司，我才能够面对挑剔的客户依然游刃有余，还能合作愉快。

我真的从公司获得了无数的恩惠，在公司的所有经历都是良师益友。可惜我当时不懂事，只知道一味地怨天尤人。

这本书是2004年《公司就是希望》的再版，在原书内容的基础上稍作了修改。这本书是为那些像过去的我一样，不知道公司的宝贵价值的人、对公司心存不满的人、思想消极只看得到事物的阴暗面而看不到积极面的人、总是吃着碗里的看着锅里的不断跳槽的人、因为讨厌工作所以选择逃避职场毫无目的去留学混文凭的人所写的。

公司就是希望，因为我们只有通过工作才能经营我们的生活。工作虽然会让人头疼，但是没有工作我们就无法生活。公司就是能够提供这样的工作机会的地方。通过工作我们还可以积累实力。我知道，很多人觉得在公司工作太辛苦，想要辞职自己创业。但在公司我们可以学会世界运转的原理，如果换个角度，把公司看作是给钱让你学习的地方，心情就会好多了——在公司可以学习待人处事、学习专业知识、学习客户关系。而在公司工作岗位上能取得成功的人，自己创业也同样能够成功，这两者是相通的。

“找自己喜欢的工作”是一般的励志书中提到最多的一句话。但是，除此以外，也必须清楚自己讨厌什么事情，而且要知道为了做喜欢的事情，就必须先做一些自己不喜欢的工作。公司会教会你这些道理。希望通过此书，你能重新认识公司的意义，让自己的日常生活有一个全新的开始。希望曾经每天早上让你发愁而不想去的公司能够变成天堂一样美好的地方，天堂不在过去，而在当下。

目 录
contents

Part 1 公司和我

■ 理解职场对于我们的意义，是一个可以延续一生的话题
■ 我们人生的黄金期、每天的黄金时间，都在公司度过

在目前的岗位上成功 / 2

定义公司和我的关系 / 8

摒弃对职场的幻想 / 13

摒弃思想的泡沫 / 20

在工作中体验到的真实幸福 / 25

工作在令人愉快的公司 / 31

虚脱的过程 / 38

没有终身职业 / 43

Part 2 表达自我，理解对方

- Feedback技巧很重要
- 对待下属，不要指示，要提问

打开心灵之门 / 54

What you say is what you get / 59

Feedback的技巧 / 66

激励的技巧 / 71

“将你在公司工作的时间缩短一周” / 78

建立良好的人际关系 / 83

忠告和糖衣炮弹 / 89

对话的技巧（1）——关心对方 / 94

对话的技巧（2）——提问 / 98

无声的交流 / 103

不要指示，要提问 / 108

形成同感的重要性 / 113

态度决定一切（1） / 119

态度决定一切（2） / 124

打动人心 / 129

Part 3 社长，我们社长

- 上司也需要鼓励和管理
- 下属也是客户，对他们的核心服务就是“别把下属当出气筒”

把握上司 / 138

管理你的上司 / 142

鼓励上司 / 148

取得信任以后再发言 / 153

逆鳞之祸 / 158

个人魅力和领导力 / 163

把下属当出气筒的上司 / 172

追随力很重要（1） / 176

追随力很重要（2） / 181

宽容的上司 / 186

上司为什么重要 / 190

抛弃上司的时候 / 198

责任心过强的后果 / 203

Part 4 自我经营

■ 有些事看似不幸，其实却是幸运的开始
■ 所谓战略，就是为了做好最重要的事情

混合型人才 / 212

十分钟的奇迹 / 218

成为时间强迫症患者 / 223

避开病毒 / 228

刚开始工作时想尽办法也要吃苦 / 233

设定测定标准 / 239

全新的视角 / 243

全身心投入带来的力量（1）/ 249

全身心投入带来的力量（2）/ 253

热切的期望 / 258

集中的力量 / 264

从繁忙的工作中暂时解脱 / 272

选择好书的标准 / 278

公司和我

- 理解职场对于我们的意义，是一个可以延续一生的话题
- 我们人生的黄金期、每天的黄金时间，都在公司度过

在目前的岗位上成功

成功的法则简单明了：

想成功的人，必须先在目前的岗位上取得成功。

!

上班族经常爱说这么一句话自嘲："你以为我除了这儿就没地方可去了吗？太小看人了吧？"或者说："拿多少钱就做多少事儿吧，多做了也没人给加工资。"听起来好像很有道理，实际上这种说法实在太幼稚了。要取得成功，首先要摆正态

度，弄清公司和自己的关系；明确职场生活对自己意味着什么，只要意识到职场生活对自己的重要性，接下来的事情就容易多了。

除了富豪的儿子，大部分人都是通过职场生活成为专家的。叱咤饮食界的澳拜客（Outback Steak）社长郑仁泰就是一个例子。他的第一份工作是在乐天酒店（Lotte Hotel），当时他一边工作一边读研究生，为此，他自愿上早班，每天凌晨都搭第一班地铁从富川的家去公司。为了积累不同的经验，他当过服务员；为了了解国外的业界动态，他自费去欧洲考察。这一切，都是为了成为自己所在的宾馆，甚至餐饮界的专家。功夫不负有心人，后来他成为乐天酒店最年轻的店长，最终被外资企业澳拜客聘请为社长，直到现在。他工作不是为了钱，是为了成为自己所在领域最优秀的人，而他最终也实现了自己的目标。乐天酒店也为培养了这样的人才而感到自豪，郑社长也说，自己的专业素养正是在乐天酒店学到的。

在目前的岗位上能取得成功的人，出去以后也能取得成功。这是万古不变的真理。成功就意味着一定要成为所在的组织所需要的人。如果你辞职的话，会对所在的团队产生怎样的影响呢？如果你自己是社长的话，会怎样处理你辞职这件事呢？世界著名水泵厂商格兰富（Grundfos）的CEO康昊一直立志做所在团体中最被需要的人。当初他曾经作为一家公司的分公司负责人在国外工作并且取得了不错的成绩，后来却因为别人的陷害被迫回国。而当时他的夫人临盆在即。按理说，经历了这样不公平的对待，他应该对公司充满怨恨。但是，他没有提出辞职，而是继续为成为所在公司最优秀的人才而努力。一年以后他又取得了不错的成绩，然后才递交了辞呈。

辞职的时候，他这样对社长说："你们再也不可能请到像我这样优秀的员工了。"后来他成了现在公司（格兰富）的社长。在职场中，我认为这样的野心是必须要有的："要成为这里最优秀的员工。"是要成为害怕被公司解雇的人呢，还是成为公司害怕自己主动辞职的人呢，大家都要作个选择。

靠自身的专业素养固然可以取得成功，但所在集体的成功同样也可以提高个人的身价。三星电子在业界颇负盛名，因此，从三星出来的人到哪里都很受欢迎。相反的，如果所在的公司一败涂地，那么，个人的身价也会相应地一落千丈。从一家倒闭的公司出来的人走到哪儿都很难得到认可。因为，别人会觉得作为那间倒闭的公司的一员，你也有责任。

你现在所处公司的地位如何？是业界最高吗？为了把你所在的公司建设成为一流的集体，你能做些什么？一般人们会把自身和自己所处的集体区别看待，觉得公司经营困难和自己没什么关系，只要按时发工资就行了。事实并非如此。不相信吗？倘若你们公司倒闭以后你出来找工作试试就知道了。你一定会有刻骨铭心的感受。提高所在公司的价值，以此来提高自身的价值，这才是市场经济中的良性循环。

退休后该如何生活是很多人特别担心的问题，因此，不少人去学习理财知识。其实在目前所在的职位上取得成功、成为所在领域的专家，才是为退休作的最好的准备。公司并不是拿多少钱就干多少事的地方。公司的品牌价值提升，个人的身价也会跟着提升，公司会成为个人的保护伞，并且能把个人打造成专家。

公司就是能让你学习、同时还给工资的地方。这里的同事、上司、业界人士都可以成为你永远的客户。有的人认为公司是为了维持生计而不得不去的地方 ，有的人认为公司是能够提高自我身价、给钱的同时还能把自己培养成专家的地方，两种心态有着天壤之别。不要再在虚无缥缈的地方寻找希望了，希望就在你现在所在的公司。

定义公司和我的关系

职场对我们意味着什么？

职场和我之间的关系是怎样的？

！

我之前所在的公司有自己的工厂，超过一万名的员工一起上班。我喜欢早早上班，观察早上来上班的同事们。我发现，大部分人都不能以饱满的热情开始一天的工作，相反，他们的脚步和表情都显得无精打采。说得难听一点，和上刑场的人没有什么区别。他们的额头上都写着这样的字句："我讨厌这个公司，现在只不过是苟且偷生，只要有机会，我会立刻辞职。" 下班时的情形则正好相反，一个个都显得活力四射。有的女同事下班时甚至高兴得得意忘形，把手提包抡着打转，就像刑满出狱的犯人一样。

对一般人来说，没有比公司更重要的地方了。我们人生的黄金期、每天的黄金时间，都在公司度过；甚至对我们最重要的人，也有很多时候是在公司遇到的。我们在公司赚钱维持生计，可以说，公司是除了家以外最重要的地方。在这样的情况下，如果我们还对公司心存不满，人生就太不幸了。公司是何其宝贵的地方啊——理论上虽然如此，但在现实中公司是许多人厌恶至极的地方，是让人感觉压力重重的地方，是一有机会就想辞职逃离的地方。

公司对我们意味着什么？公司和我之间的关

系是怎样的？明白了公司的意义，就能以非常愉快的心情开始新的职场生活。在韩国，公司与个人的关系在金融危机中发生了很大变化。以前的公司可以对职员个人一生的生计负责，因此也要求职员对公司绝对忠诚。但是现在已经没有那样的公司了，公司本身的生存常常是岌岌可危，更别提对员工个人的一生负责了。

现在，公司和个人的关系是互相交换所需的关系。公司对每个职位进行定义，然后找出最能胜任这一工作的人来负责。职员个人最关心的是这份工作能够带来多少收入，对个人发展能起到多大的作用。因此，现在工薪族共同的话题是如何提高自己的身价。如果这份工作对未来的职业生涯有帮助或者有特别的意义，即使现在的工作很辛苦、待遇不高，继续待下去也应该不成问题。但除非是富翁的儿子，大部分人都要为生计考虑，沿着相似的轨迹生活下去：从学校毕业后，像其他人一样找份工作，一天天过下去。长此以往，职场生活就让人觉得很辛苦很疲惫。于是大家就会想："这不是我想要的生活……"，从而去寻找其他出路。

高三的学生虽然学习压力很大，但是他们一般不会有轻生的念头或者对未来产生怀疑，因为他们坚信，只要踏入大学校门，就能够开始新生，只要想到这一点，眼下的辛苦就不算什么了。服兵役的士兵们也是如此，虽然每天凌晨起床跑步，成天生活在严格的监视下、没有任何自由，但是想到退役的那一天，他们都可以忍耐。可是职场生活不一样。

上学16年，在部队服兵役，这一切都是为了谋一份好差事。虽然一路走来吃了不少苦，但一直是有家人帮助的。从开始工作的那一刻起，才是真正靠自己的力量生活的开始。带着美好的梦想和无限的憧憬进了公司，却发现职场生活并非想象的那般美好，不对，应该说和想象中相差甚远。电视剧里演的、小说里看到的、从大人嘴里听到的，和直接经历的职场生活实在是大相径庭。每年从大学四年级学生那里都能听类似的感悟："虽然从教授那里听到过职场生活的厉害，但实际去体验了一下才真正体会到其中的滋味。和想象的实在太不一样了。薪水比上学时打工赚得少，还要起早摸黑、受尽压迫。不知道这样的生活能坚持多久，真的是太辛苦了！"

理解职场对于我们的意义，是一个可以延续一生的话题。即使是外表光鲜华丽工作，如果对于自己没有任何意义，就一文不值；相反的，即使是他人不放在眼里的工作，如果对自己意义非凡，那它就是伟大的事业。人的一生就是一场寻找生存意义的旅行。现在的工作对自己有什么意义——弄清了这个问题，就等于成功了一半。

摒弃对职场的幻想

公司不是带给人乐趣的地方，也不是很悠闲的地方。

它也没有理由应该是这样的地方。

!

有些人好像把工作看得过于理想化了。

人们是如何看待职场的呢？对职场有什么期待呢？它是带给人乐趣的地方？是实现自我的地方？是可以边做自己喜欢的事情边赚钱的地方？上司又是如何呢？有像父母一样慈爱、兄长一样关怀人的上司？有人可能真的会这样想——应该说会这样想是人的天性。越是缺乏工作经验的人，对职场所抱的幻想越大。

我这样说，并不是表示职场是像地狱一样的地方、是只会让人不愉快的地方、是除了工作以外一无是处的地方。职场生活当然也可以很愉快，在工作岗位上当然也能建立很好的人脉。但是，现在的企业经营者和雇员都对职场抱有过大的期望，而职场本身并不是这样的地方，更不是可以对个人的一切负责的地方。

随着企业的社会责任越来越受重视，很多公司都树立了崇高的企业理念和价值观。“人才是第一生产力，用户价值是我们的最高追求，首先要令内部客户满意，要平等对待每一个人……”如此一来，人们就会对职场抱有过高期望，甚至误以为公司是圣人君子在做慈善救苦救难。越是建立了崇高价值观的企业，其职员的内心矛盾越是尖锐——如果公司没有说得那样崇高的话，大家就不会有什么期待了，可是一旦公司夸下了海口，而现实并非如此，员工就会感到失望。事实上，公司就只是公司，员工就只是员工。我们真的需要冷静下来。

暗恋是最辛苦难熬的，对方不喜欢自己，自己暗暗喜欢对方，该有多辛苦啊！公司也是如此。公司到底是怎样的地方呢？公司应该对我们有什么样的期望，我们又应该对公司有什么样的期望？目前的现实与这些期望一致吗？如果不一致的话应该怎么办？我们有必要提出这些疑问。因为世上的所有悲剧都源于已成惯性的彼此期待，所以，从现在开始我们要改变这种期待。

我在五年制女子大学的毕业班教书。这些学生们最大的烦恼当然是就业。因为就业困难，她们一个个看起来像是为了就业可以赴汤蹈火。她们的辛苦让人看着于心不忍，作为她们的老师我感觉自己有责任帮助她们，于是每年东奔西跑，想办法多帮助几个学生就业。不久前有个在新都市开公司的朋友说他们公司需要人，于是我把住在那个地方的学生介绍给了他。同时告诫学生："这家现在还是个小公司，不是什么大企业，所以不要期望过高；工作各有分工，不要太挑剔，好好干，忍耐几年，能学习很多东西、积累一些经验。"那个学生当时急着就业，虽然表面上答应了，但心里其实有点勉强。果然不出所料，几天后的深夜，她哭着给我打电话说："和想象的太不同了，工作太多，而且看起来没什么发展前途。"

我无奈至极，在电话里好好安慰了她一番，结果第二天一问才知道，她只上了三天班就辞职了。我觉得很对不起朋友。虽然他没有说什么，但是我能感到他似乎嘲笑我说"好好教育一下自己的学生吧"。我觉得很可惜，想对那个学生说："如果你找到满意的公司不妨让我看看，让我知道你所追求的理想的公司是怎样的。你说工作很累，请问世上有轻松的工作吗？你说这份工作没有前途，请问前途应该是公司给的，还是自己创造的？”

韩国好像被称为电视剧王国吧，电视剧都很有意思，没有意思的事情是不可能被选作电视剧题材的。因此，电视剧会让很多人产生各种想象，其中最错误的就是对一般工作的理解，比如幻想在高档办公区办公、办公室装修气派（能在这么气派的办公室办公的人能有几个啊？），开进口车、穿着华丽（年纪轻轻能这么气派吗？），上班时和亲切的上司以及友好的同事谈笑风生，做着专业性很强的工作（主要是企划、市场营销、项目管理、广告等）。这样的情景与在研究所和工厂辛苦劳动的大部分工作完全不同，人们想象的职场生活和现实大相径庭。

现实就是现实。就业本身就很难，进了公司

会发现公司与想象完全不同。这是理所当然的。公司不是带给个人乐趣的地方，也不是很悠闲的地方。它也没有理由应该是这样的地方。

忍耐虽苦，其果也甜，这是很简单的自然规律。如果你所在的公司充满了乐趣，好得不得了，所做的工作太合你的心意了，那一定是什么地方出错了，因为工作就是工作，不可能是这样的。那些喜欢唱歌可是做了歌手的人在玩儿的时候被要求唱歌、表演也会觉得厌烦，因为感觉像是在工作。就算是再好的工作也会如此，这是人的天性。

有的人说世界变得太快，无法预测未来，觉得很不安。事实是从来就没有过可以预测未来的可能。人生是不可能知道将来会发生什么事情的。我想对极度厌烦现在工作的人说："工作本来就没意思。人怎么可能光做自己喜欢的事情呢？人生就是得接受必须接受的，不是吗？"

当然也有些人喜欢工作，有的人比起玩儿

更喜欢工作，但他们都不是一般人。因此，一般人要冷静、现实地看清楚这个世界——工作本应如此。所以才说“努力工作，用力玩儿”（Work hard, Play hard!），不是吗？

摒弃思想的泡沫

工作本来就是累人的——我们必须直面这个现实。

无论表面上看起来多么有趣，工作就是工作。

!

美国西南航空以“Fun”（乐趣）经营理念出名。从社长 Herb Kellerher 到普通职员都努力变得更有趣，同时职员又为了给乘客带来乐趣而鞠躬尽瘁。有时候他们会穿奇装异服，只为博乘客一笑；有时候他们会突然从行李箱里出现，给乘客

一个惊喜；或者在广播里开这样的玩笑："本机禁止吸烟，只有一个吸烟席，在机翼上面"。类似这样的玩笑已经到处可见了。也许正是因为这样的经营理念，西南航空公司自创立以来从没有赤字记录，一直是业内的常胜将军，甚至在"9·11 事件"之后，多家航空公司都已破产的情况下，西南航空仍然能保持盈利。

于是，市面上涌现出了很多介绍西南航空的经营秘诀的书，一些公司甚至专门设立课程教授、模仿其经营理念。每次看到此类书籍或者看到把"Fun"经营当作口号的公司，我就忍不住产生这样的疑问：西南航空的成功真的是因为其"Fun"经营理念吗？这家公司的职员们在工作时真的这么充满乐趣吗？乐趣能够和工作共存吗？没有趣味性的公司生产力就一定会降低吗？

工作本来就是累人的——我们必须直面这个现实。无论表面上看起来多么有趣，工作就是工作。事实上，我们所做的工作当中有多少是因为有趣才要做的呢？因为工作有趣而工作的人所占的比率又有多少呢？相比而言，迫不得已工作，不喜欢工作却不得不做的人要多得多。不然为什么人人都期待周末而讨厌周一呢？

公司和有趣是格格不入的。公司不是为了寻找乐趣而去的地方，是为了工作而去的地方，是为了通过工作开拓市场、创造收入、积累经验而去的地方。

如果某家公司经营得当，职员们就可以开心地休假、周末也能过得很愉快，并且愿意继续为那家公司服务。

类似“Fun”这样的口号或者价值观会令职员有所期待，或许心里会想：“我就等着上司您来逗我笑吧，看看你能有多大本事。”这真的有可能发生吗？不但不可能发生，而且根本就没有这个必要。这样做只会把力气浪费在没有意义的地方，分散团队的精力。所谓的有趣是很主观的感觉，不受外界因素的影响，而且乐趣也只能通过自己的探索和感受得到。

“做喜欢的事情，喜欢自己所做的事情”是非常重要的。如果能做到这样，就再好不过了。问题是，在现实中很难做到这一点。纵观周围的人，能做到这一点的人虽然很少，但还是有的。我们应该认真审视一下这部分人的总体生活状态——到底谁能过这样的生活呢？与其在工作中寻找乐趣，不如实事求是直面现实，这样对生活更有裨益——因为这样一来，当我们在工作中遇到困难、觉得难受的时候，就会自然而然地想“工作本来就是这样的”，这样心里反倒更好受一些。

世事变化无常，公司也是，对工作的期望也是，包括公司和个人的关系都是如此。在此过程中，“泡沫”应运而生，虽说最根本的原因是企业对个人的过分承诺，但是个人把企业当成沙漠中的绿洲，这样的态度也是不正确的。现在，是时候摒弃对彼此的幻想，更诚实地互相面对了。

在工作中体验到的真实幸福

快乐工作的人，他的人生是乐园，

如果工作只是义务，那么他的人生就像地狱一样。

——马克西姆·高尔基

!

观察江南站早上上班的人和晚上下班的人们的表情很有意思。早上的气氛就像葬礼进行曲，而晚上的江南站则完全是一派 Party 气氛。为什么会这样？因为人们厌倦工作。职场生活令大部分

人感到痛苦。上班的时候大家都把灵魂丢在家里、只带着躯壳来上班。工作只是为了生计，所以人们对工作厌烦至极，工作是只要能摆脱就会马上摆脱的事情。事实真是如此吗？

一个人死了以后去了天堂。他发现这个世界实在太美好了：可以随意睡懒觉，起床以后打打高尔夫球，晚上一边品尝着山珍海味，一边和美女饮酒作乐，可以随意看喜欢看的电影，想去旅行的时候就随时去旅行，想睡觉的时候睡觉，想起床的时候起床。没有人会干涉自己。这样过了几个月，这个人慢慢开始怀念工作了。于是他向天堂的负责人要求工作的机会。负责人严肃地说："我可以满足你任何愿望，但就是不能让你工作。"这个人很生气，心想自己的要求也不是什么很过分的要求，为什么不能满足？于是他向负责人要求去地狱。结果负责人说："你以为这是哪里啊？这里就是地狱！"

忘记这个故事是在哪里看到的了。工作是神圣的。世界上没有比工作更能长久坚持去做而不觉得厌倦的事情了。没有人能通过每天玩乐获得自信感；没有人会玩乐一生，死的时候说“我玩儿了一辈子，没有什么遗憾，我一生很幸福”。工作之所以宝贵，是因为它能带给人自信。通过工作，我们会觉得自己对社会有贡献、有帮助。安利公司的CEO德·迪维士说过：“工作并非只是赚取每天的食粮，它会令我们的生活更加有意义；工作不仅能带来现金，而且能带来认同感；工作不是为了获取厌烦，而是为了获得惊喜；工作给人带来自由、保障、认同感和希望，工作给人带来物质的、心理的、灵魂上的满足感。”

工作能带给人幸福

喜欢自己的工作、投入自己工作的人是幸福的。自己感到幸福，周围的人也能感受到你的幸福。为了说服上司而用功写方案的人，为了吸引顾客而费劲心思琢磨新创意的人，为了研发新产品在实验室汗流浃背的人，为了新项目的出台而跑遍各个部门协调业务的人，他们都是幸福的人。“快乐工作的人，他的人生是乐园，如果工作只是义务，那么他的人生就像地狱。”马克西姆 · 高尔基如是说。中国有句俗话叫“幸福就是有人爱，有事做，有所期待”，的确如此。

工作让人健康

破坏健康的最佳方法就是强迫自己做不喜欢的工作。如此一来就会身心分离，经常犯错误，不能出成果，听到别人的埋怨；然后就会担心会不会被炒鱿鱼，如果被炒的话该怎么办。长此以往，积累压力，就会生病。不做任何事情，凭空担心未来是健康的大敌。做喜欢的工作，即使开始不喜欢也努力喜欢自己的工作，在工作当中寻找意义是保持健康的最佳良药。不是为了健康而工作，而是在工作的同时追求无比宝贵的健康。劳动带来食欲和睡眠。疾病尊重“我没有时间生病”的人，因为疾病只在安逸、安全、“待遇好”的地方安家。

最重要的是，工作令人更加正直

使徒保罗（Paul）说：“讨厌工作的话，那就连饭也不要吃了。”这句话提醒我们，想不工作而享受安逸的想法是多么错误。勤奋工作是我们认识人生的过程。“不工作的人其思想绝对不可能是正确的，懒惰只会使人心术不正。没有建立在积极的思考之上的思想好似病菌。”亨利·福特（Henry Ford）如是说。

不能从工作中感受到乐趣的人生实在很无趣。但是，没有人从一开始就能从工作中感受到乐趣。找到喜欢的工作、喜欢上所做的工作，都需要时间和金钱成本。能够帮助你找到这一切的正是公司。重新定义公司和工作给自己带来的意义，是获得新生的第一步。

工作在令人愉快的公司

怀着愉快的心情上班，

工作时很快乐，这本身不已经是成功了吗？

!

公司的工作真令人愉快吗？在不能工作的周末因为无法工作而恼火，周日晚上想到明天要工作了，禁不住心情激动如小鹿乱撞；上司几天不在，就因为想念上司而睡不着觉——世上几乎没有这样的人。大部分人的表现与此正好相反。大

部分人额头上都顶着“虽然不想但是迫不得已工作”的雕刻而拼命地工作，心里却成天幻想着什么时候能够离开令人厌烦的工作、获得自由。但有些公司却能够打破人们固有的观念，制造令人愉快的工作氛围并取得成功，比如AES公司（美国爱依斯电力公司）。这家公司以“愉快工作”为宗旨，创立20年在全世界31个国家雇佣超过4万名的职员，创下了86亿美元的销售额。公司总资产超过337亿美元，为超过1亿的人提供电器，拥有或控股17家电器零售企业，成为世界上最大的电子生产企业。在这家公司里到底发生了什么事情呢？

大部分人都认为，良好的人际关系是愉快工作的最重要的因素。这是理所当然的。但良好的人际关系是必要条件，却不是充分条件。高薪也是如此，虽然很重要，但是和愉快并没有直接的关系。比这些更重要的是归属感、集体意识、工作的意义，其中最重要的则是充分发挥个人的才能和能力，做一些有益的、有价值的事情。只有当才能、决策能力、责任感同时得到发挥的时候，工作才有乐趣可言。有自我主张，并且愿意为自己的所作所为负责的时候，才华才能发挥出来，满足所有这些条件的时候，才能感受到纯粹的快乐。

快乐的核心是自由、不受约束、自觉行事。即使是自己喜欢的事情，如果是在别人的指使下去做，也会变得讨厌。相反的，即使是困难的事情，如果是自己想做、作出判断，就能以愉快的心情完成。人们认为人是可以被管束的想法是一种错觉，人是越管越机械、越没有责任心的。某个公司除了几件最重要的事情以外，其他所有的业务决策权都交给了一线人员。因为最熟悉业务的一线人员能作出最正确的判断。公司信任员工，员工也会回报公司的信任。当然，决策者要对所作的决定负全部责任。因为，决策者要么是受所提出的问题影响最深的人、要么是改善 Idea 的人、要么是发现问题的人。

但是，假使员工有充分的自主权，出了事情怎么办？能够防止令公司陷入困境的事情发生吗？为了避免这样的事情发生，作决策的人在决策之前一定要听取领导或者同事、专家的建议。

这样，决策过程从各方面来看都有价值。首先，对被请求给予建议的人来说，他会觉得自己受尊重、有价值。为了提出很好的建议，他会深刻分析问题，并在过程当中进一步学习，提高专业素养。通过这样的信息共享过程，组织的共同体意识也可以得到提高，打破类似“你的、我的”这样的“圈子”隔膜，决策者和提议者的关系也会更加亲密。其次，提议来源于充分了解状况、并且对结果很感兴趣的人。这样的经验是任何书本和教育都无法给予的。再者，作决策的人必须对决策结果负责，对决策者来说，决策的过程是充满乐趣的，它可以让人充分感受到集体作战的乐趣。

多任务作业也是乐趣的来源。某公司的职员不只从事一项业务。他们把 80% 的时间投入到主营业务上，其余 20% 的时间用在提出新建议、学习新技术，以及 Task Force（参与项目小组）上。专业突出是非常重要的，但是太过专注也有其危险性。只专注于某件事情，容易产生厌倦，而且容易对他人缺乏理解，变得狭隘。上面讲的那家公司之所以下放决策权，就是为了开发个人多方面的才干和能力，帮助个人成长。

某公司将煤炭物流、维修技术人员等与投资毫不相干的一帮人组成一个临时工作组，在接受投资专家建议的基础上从事资金管理的工作。类似这样看起来似乎很荒唐的事情在这家公司却是家常便饭。公司 CEO 表示，这样做并不危险："因为他们是在接受财务专家建议的基础上做投资，所以不存在什么危险性。而且通过在这样的 Task Force 交流锻炼，许多人都发生了很好的变化，这也正是我们希望见到的。”参加过这一项目的员工如是说：“这里让我感觉到了自己的重要性，同时学习新东西、作出决策、感受到了从来没有过的自由。现在我不再觉得自己只是公司的一颗螺丝钉了。这样的工作方式实在是太好了。”

所谓的愉快并不只是嘻嘻哈哈、放松心情地工作。这里所说的愉快的境界远在此之上。人都有成就伟大的本能，希望能对世界有好的贡献。因此好的工作应该能够满足人们“成就伟大”的需求。为此，企业追求的价值必须明确，并且应该与公司的实际运营相一致。

这里提出了一个最重要的问题：努力使工作变得愉快的目的到底是什么？是因为它与财务表现有关吗？有可能是，也有可能不是。员工越是能够愉快地工作，工作越是能让人愉快，员工成功的可能性就越大，当然也有例外。即使如此，工作愉快本身也是有价值的，带着愉快的心情去工作本身不就是一种成功吗？

虚脱的过程

通过这样的过程人会“虚脱”，失去追求，
不自觉地变成负面信息的传道士。

!

大概只有 20% 的人对自己的工作感到满意，其他大部分人都是苟且度日，每天都下决心只要一有机会就辞职。但是因为暂时没有什么明确的出路，所以每天一边抱怨，一边继续上班。下面我们来看一下人们职场生活各个阶段的变化。

兴奋期

刚进公司的时候人很兴奋。这年头就业困难，能找到一份工作可以说是全家的荣耀。自己和家里人都感到无比自豪，能够进入大企业工作的人更是如此。感觉自己像是得到了整个世界，整个人充满了热情，对谁都很亲切，一举一动都很得体；不管接到什么任务，都能够赴汤蹈火在所不辞；觉得世界如此美好，每天都兢兢业业。

受挫折的阶段

但是，世界上没有轻松的工作，也没有完美的工作。并且只要是有人的地方，就会有矛盾和问题。很多企业你进去以后可能会发现它完全是“金玉其表，败絮其中”——老板言行不一，手下阿谀奉承，上司应付了事，工作时间长可收入微不足道。人总是比较容易发现缺点和问题而不是优点，因此，随着时间的推移，你会慢慢发现公司的真相，受到打击而产生挫折感。

否定和自我安慰的阶段

无论哪个组织都会存在负面信息的传道士。他们的职责就是收集、整理、加工负面信息和促进它的流通。越是透明性差、官僚主义比较严重的企业，这样的人越多，也越活跃。在公司你经常会遇到这样的传道士，他们不断地制造各种流言并进行传播。他们会向新职员传达有关公司现实情况的方方面面：包括工作的问题、对上司的评价、公司未来结构调整的方向等各种信息。如此一来，新职员往往心情会变得很复杂："怎么会这样呢？这难道就是我要继续工作的地方吗？不会是这样的，一定会有所好转的！一定是我看错了。"

恐惧的阶段

听了太多的负面信息，人于是开始恐惧："怎么会有这样的公司呢？这样的组织怎么会还没有倒闭、坚持到现在呢？我连这个都不知道就这样傻傻地进来了，我被这些坏家伙骗得一塌糊涂！"并且自然而然地担心要在这样不像话的公司工作多久，如此下去自己会不会崩溃，并陷入无限的恐慌。

接受的阶段

"人生不就是这样吗，大家都是这样活着，这就是生活。"

"其他的公司也是一样。没必要太过紧张和执著。反正事实都已经如此了，那就放宽心接受现实吧。"

"就像其他人一样边工作边生活吧，怎么着都是一辈子，就算拼命工作也没人给加薪水啊。”

以上就是一般人进公司以后经历的几个阶段。经过这样的“虚脱”过程，人失去追求，不自觉地就变成负面信息的传道士。官僚主义严重的组织内最多的就是这样的负面信息传道士。官僚主义和负面信息传道士都活在不安感中，不安感正是他们生存的沃土。为了消除这种不安感，他们不停地进行细胞分裂——寻找其他与自己气味相投的负面信息传道士，彼此“同流合污”，发展壮大他们的势力，筑起并坚守自己坚不可摧的堡垒。他们不喜欢带来新 Idea 的人，不喜欢乐观向上的新员工或者从其他地方调来的人；他们最讨厌带来变化、革新和新理念的人；他们最喜欢安于现状、无所作为。

没有终身职业

一般企业的平均寿命只有 4 年，
而人的平均寿命却超过 80 岁。
所以，千万别指望企业对自己的一生负责。

!

没有永远不让人失业的工作。

公司是需要人投入所有热情、实现自我，提高自己的价值、提高企业价值的地方。每个人在某家公司的工作时间都是有限的，不要期待公司永远长存。一般企业的平均寿命只有4年，而人的平均寿命却超过80岁。别指望企业对自己的一生负责，反过来，你应该对公司负责。从进入公司的那一刻起，必须坚持几条原则：

确定在这家公司的工作目标

在这家公司工作的目的是什么？在这家公司是否能实现自己的目标？每个人工作的目的都不同，因此更加需要明确自己在这家公司工作的目标，而且必须摒弃随大流的想法。

我认识一个人，他为了学习企业经营的理论而进公司工作。为了生计、为了钱、为了经验、为了学习KnowHow（成功经验）以便经营父亲传下来的公司，虽然有钱但是他不想无所事事。他的理想是经营公司，所以决心了解人们为什么进公司、工作的时候都在想些什么、各个部门的职责分别是什么等等一系列的问题。因此，他进公司后不断地调换部门，十年间换了十个部门。如此一来，他全面了解了各部门的职能、部门沟通合作中存在的问题、如何才能发挥领导能力等。现在，他在一家很不错的制造业企业中担任社长一职。

确定离职的时间

确定工作目标以后，就很容易决定什么时候该离职。即使是进入了好的公司，什么时候离职也是非常重要的问题。这和股票买卖的时机很相似——确定在最高价的时候卖，还是在下降的时候卖，又或者是就算损失再多也要继续持有。

曾经有一段时间，第二金融公司是大学生最想进的企业。它就算不做什么宣传，客户也会自己送上门来，只要拿着客户的钱投资在利润高的地方，就能获得极高的投资回报率。高工资加上丰厚的提成，那里有无疑所有人都艳羡的工作。

再加上只要购买公司职工股就能获得巨大的收益，公司甚至无息贷款给职工，支持其购买股票，那真是黄金岁月啊！但是随着金融危机的到来，一切都变了。投资人一个接一个退出，客户也离开了……再加上企业缺乏核心竞争力和经营理念，生意日益惨淡。里面的员工想换个工作，可是又没有能力胜任其他工作，最重要的是，借钱买来的公司职工股都变成了废纸。真是想走都走不成啊！他们把这个称为新式奴隶卖身契。可见，明确在公司工作的目标、明确什么时候离开公司，是非常重要的。知道退路在何处不只是高层的事情，每个人最好都能够确定离职的守则。

● 在公司经营良好的时候离职比在公司走下坡路或者倒闭之前离职好

如果有意换工作，在现在所在的公司经营良好的时候换比较好。这样，换工作的时候才能获得最高的身价。已经走下坡路或者倒闭的公司的员工想进其他公司很难，就算进去了也得不到很好的待遇。

● 实现目标后最好离开

如果学习是你的目标，那么在学完你想学的知识以后最好离开；如果积累一定的资金是你的目标，那赚到钱以后就离开吧。

● 在结构调整之前先离开

人活着要有尊严。在公司工作的目标之一就是获得公司的认可，从上司那里获得认可，觉得自己的存在是有用的。这一点必须时刻铭记。想想自己是不是上司需要的人，上司和周围的同事是否认为自己是有价值的，自己是否为公司贡献了高于薪水的价值，自己是否兜着铁饭碗，看着周围人的脸色在勉强度日……我正是因为自尊心离开了以前的公司。当我感到那家公司把我当成一次性创可贴的瞬间，我一刻也不想在那个公司多待了。在公司受到非人的待遇是绝对不可以忍受的。灵魂的毁灭比肉体的毁灭更加可怕。

- **至少应该换三次工作**

一辈子做同样的事情太无聊了。从这个角度看我们的人生太漫长了，当三年兵就可以对军队了如指掌；完成博士课程也不过需要三年而已。换工作对本人和公司都有好处。在同一个部门工作几年，就不可能再发现任何问题。而一旦缺乏了发现问题的能力，就会失去改进和改革的动力，本人和所在的集体就会停滞不前。官僚主义的组织之所以无法发展，就是因为缺乏改进、改革这样的变化。尝试不同的行业、换个公司工作、尝试做其他类型的工作其实是非常有趣的事情。新人以新视角看待事物和事情是很好的。而革新和改善也往往是通过新人完成的。“流水不腐，户枢不蠹”就是这个道理。

价值观与公司不符的时候应该离开

我曾经见过一家主张伦理经营的公司的职员，他看起来乐观开朗。当被问及工作感觉如何时，他说："凡事不用使心眼儿，所以工作起来感觉很好。"因为该做什么、不该做什么区分明确，所以不用在无用的地方费神。这让我想起了另一个相反的例子。那家公司的员工总要费时间揣测老板的心思。因为公司的企业文化决定了他们凡事不直接说清楚，而是以"禅问答"（非常模糊隐晦）的方式表达出来。而且在这家公司，为了达到目的可以不择手段，因此，做事的人非常辛苦。有些事情从价值的角度考虑不应该做，但是因为上司的要求而不得不做，夹在这两者之间，非常矛盾。如果一个公司让人把精力都花费在这样没有价值的地方，那就离开这家公司。

↘ 人的一生就是一场寻找生存意义的旅行。现在的工作对自己有什么意义——弄清了这个问题，就等于成功了一半。

心得分享

心得分享

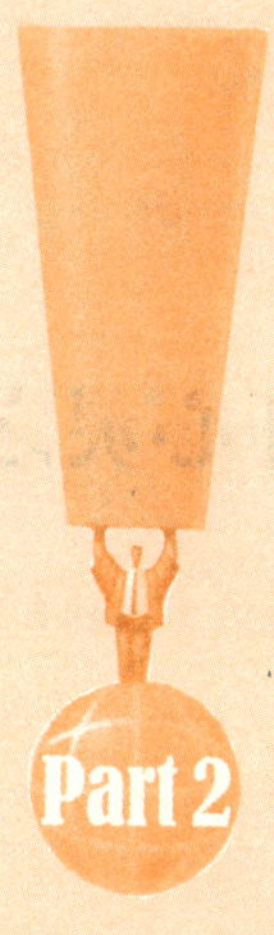

表达自我，理解对方

- 职场生活中让人生气的事情远比让人高兴的事情多，Feedback技巧很重要
- 对待下属，不要指示，要提问

打开心灵之门

我感觉到：听众在听我作自我介绍的时候，
目光最聚焦。比起我当时所说的话，
听众对我是怎样的人这一点更感兴趣。

!

我一直坚持一个原则：在上课或者面试前作自我介绍。在哪儿上的学、第一份工作是在哪家公司以及在那里负责什么工作、在美国学习的是什么、留学回来以后又在哪个公司负责什么工作，

以及后来如何开始了现在的工作。

我感觉到：听众在听我作自我介绍的时候，目光最聚焦。比起我所说的话，听众对我是怎样的人这一点更感兴趣。我的自我介绍越详细，听众越能更好地理解我的背景，越能发现自己和我的共同点。“我”并非突然从石头缝里蹦出来的，而是和普通人一样上学、工作。从他们的眼神中我可以感觉到，只有通过这样的过程，才能打开听众的心灵之门。

很久以前我曾经定期去教堂，后来因为牧师的演讲而放弃了。其实也没有什么特殊的理由，就是觉得他的演讲让人听着辛苦。他的演讲从来都是千篇一律的偏激指责：“光是出席不能说明你是虔诚的信徒。为什么只有星期天才来，星期三也应该来啊。不交‘十一税’（捐献）绝对不可能进天堂。不能这样……不能那样……”去教堂是为了灵魂可以休息，可是每次回来都觉得灵魂浑浊、充满负罪感。听他的演讲，总让人觉得“我这个人真差劲啊”。于是我自然就离开了那个地方。

我认识一个讲师，他也像上面所说的牧师一样把教训听众当成家常便饭。面对毫无心理准备的听众，他只要一拿起话筒，就开始进行单方向的训导：“你们这样是不行的，这种压强式的领导方式怎么能够吸引人才呢？新时代应该用新形态的领导方式吸引和感动人才。”虽然他说得句句在理，但这样的话无疑会引起席间毫无心理准备、没有打开心门的听众的反感。演讲结束后一个听众悄悄地问我：“那个人是谁？这么了不起吗？看起来好像没什么了不起的，为什么这么不把我们放在眼里呢？”

一不小心，讲义或者说教会变成“暴力性”的。有时候演讲也会这样：演讲者是知识渊博、经验丰富的人，而听众很多方面都不如演讲者，因此要对演讲者的话深信不疑，他讲的话每一句都要无条件接受。站在讲台上的人必须注意这一点——在听众没有打开心门的情况下，说再有用的话听众也听不进去。面试也是如此。如果面试官仔细介绍一下自己是怎样的人、为了什么目的面试对方的话，来参加面试的人会顿时豁然开朗。如果缺了这个步骤，参加面试的人会有种被审问的不快感。

曾经有一位政党代表访问首尔某女子高中并做了演讲，演讲完之后一个女学生问了这么一个问题："先生请问您是做什么的？"这个问题让他一时不知所措，非常难堪。这件事后来上了报纸，引起了很大的社会反响。这不仅反映了我们的教育存在的问题，也是一个常识缺乏的问题。我觉得这个问题可以简单得来看待：在做任何演讲之前，如果演讲者能够根据听众的水平，详细地介绍一下自己，就不会出现上述的情况。不管你处于什么样的位置，在对听众说话之前，都应该先介绍一下自己是谁、是做什么的，这是基本的社交礼仪。如果不作自我介绍，对方当然不知道你是干什么的了。

打开别人心门的第一把钥匙，就是首先打开自己的心门。打开心门最基本原则的就是：我把自己的心门打开多大，对方就会将心门打开多大。只有向对方说明自己是怎样的人，有过什么样的经历，才能赢得对方的信任。打开心门是进行一切事情的前提。因此，只有打开了心门，才能了解对方的真实想法，才能调动员工为了公司的目标而努力。

What you say is what you get

世上没有说错话这回事。所谓说错话其实只不过是平常你内心的真实想法找到机会迸发出来而已。

!

人们经常在说了很过分的话之后找借口，说自己说错话，想搪塞过去。尤其是在政客中，这样的人很多。每当这时候，我都会想，难道真的只是说错话而已吗？如果一个人真不是那么想的，为什么会突然莫名其妙地冒出那样的话呢？

世上没有说错话这回事。所谓说错话其实只不过是你内心的真实想法找到机会迸发出来而已。各国政客所说的关于他国的妄言如此，重男轻女的男人所说的贬低女性的话也是如此。言语是思想的真实反映。但同时，言语也可以影响甚至改变思想。经常发表积极向上的言论的人思想也会变得积极向上；反之，经常发表消极言论的人思想也会变得消极。言语和思想就是这样互相影响，从而塑造我们的。言语对一个人的影响是巨大的。那么，我们应该使用哪些言语，不应该使用哪些言语呢？

使用自信的言语

“我会这样做”和“我会努力尝试这样做”之间的差异是什么呢？“我会这样做”透露出了自信和决断，让人找不到有其他理由的痕迹。“我会努力尝试这样做”则透露着一丝不明确的意味，充满了借口和勉强的意味。“尝试”和“可以试一下”这两种说法中都带有否定的信息，暗藏着这样的感情：“我可以尝试一下，但是不要期望过高，你让我这样做我就尝试一下，证明给你看这样是不行的。”人被勉强做自己不想做的事情时就会这样说。

这样说话是不可能做成任何事情的。心态都这样了，怎么可能做成事情呢？

用“When”代替“If”

听到“如果你把房间打扫干净的话就可以出去玩”，你心里会怎么想？这句话使用了假设法儿，话里隐含着这样的意思：你打扫房间的话就可以出去玩儿，但是，如果你不打扫的话就不可以出去玩儿。假设法隐含着否定的意味：“估计你做不到，如果你做到的话……”因此，上面这种说法不如“把房间打扫干净后再出去玩儿”让人听着感觉好。“如果”这句话里隐含着“有不打扫的可能性”，而后一种说法则包含着对肯定性结果的一种期待，完全摒弃了不打扫的可能性，断绝了否定性的可能。

不要说消极的话

有的人跟很久没见的人见面以后会这样说：“您可能不记得我了，可能想不起来了……”这样的话听起来可能会让人觉得比较谦虚。因为言下之意就是说，“像您这样尊贵的人，怎么可能记得像我这样的人呢”。这样的话让对方听着也许挺长志气的，因为说话的人完全断定对方不认识自己。可是我听到这样的话就会想：“记不记得是我的事情，你为什么凭自己的猜想下结论呢？”所以，这样的时候最好说：“我是某某某，我们以前见过面，您记得吗？”

避免幼稚的提问

有的人会在每段话后面都加上“您知道我说的是什么意思吧？您明白我所说的话吧？”又不是说明什么物理难题或者复杂的社会现象，说的只不过是很简单的小事，却加上这样的后缀，让人听着心里很不舒服，自然就会产生这样的反应：“你就这么小看人吗？觉得我像是连这个都不能理解的人吗？你自己又懂多少呢？”所以说，没必要的提问和后缀还是省略的好。

不要因为自己的缺点而觉得抱歉，改善缺点

有的人会说：“我性格不太好。以后如果有什么得罪的地方请多多包涵。”这样的话完全是废话，对现实一点帮助也没有。对方在完全没有思想准备的情况下听到这样的话，容易把精力集中在这上面，无意中会寻找你犯错的地方。然后，

一旦有事情发生的时候他就会想："看看，果然如你所说。"有时候碰巧搭人家的顺风车，对方会谦虚地说："哎呀，你看看我的车，跟鸡窝似的，真是不好意思啊。"这样一说，搭车的人就会首先开始确认这个事实，本来没这么觉得，确认以后也会想："车果然是很脏啊，怎么这么脏呢。"如此看来，事先揭示缺点不如及时改正缺点。

绝对不要使用"受害者的语言"(victim language)

"我完蛋了，像我这样的人能干什么呢？什么都干不了……"一定要避免习惯性地说这样的话。说这样的话等于把完全不是事实的事情强加在自己身上，把非事实的事情像事实一样说出来迫使自己去相信。我听说过一个总是唱悲情歌曲的歌手最后真的变得很不幸的故事，这不是没有道理的。虽然在唱歌的时候只是唱歌而已，但是无意识当中，歌手自己会把歌曲所描述的情景当成现实，并且它最终变成现实。因此，绝对不能对自己或者对别人使用消极的语言。

语言的力量真的很强大，说安慰的话语就真的能安慰自己。请抛弃消极的语言，使用积极的语言。每天早上对自己说："我很健康，我很成功，今天我也会过得很愉快。今天会发生很多好事情。"大脑自然会把这些当成事实，然后照此运转。如此一来你就会变得健康开朗。只是改变语言习惯，也能让你有新的飞跃。

Feedback的技巧

Feedback 达人是游走于支持性 Feedback
和纠正性 Feedback 之间的高手。

!

如果一个月间没有听到对自己所负责工作的任何意见，你会怎样？一定会好奇得发狂吧——自己工作是否称职？别人怎么看待自己？如果自己的爱人和孩子完全不跟自己说话的话，你会怎样？会不想活。Feedback（反馈）是人际关系的

必要条件，人与人之间互相交换 Feedback 是出于关怀和爱护。只有存在 Feedback，我们才有可能知道“应该这样做，不应该再说那样的话”。

我们来看一下 Feedback 是什么，它为什么重要？应该如何 Feedback？

Feedback 分为四类：支持性 Feedback、纠正性 Feedback、虐待式 Feedback 以及无意义的 Feedback。其中最重要的是支持性 Feedback。人人都渴望认同感，因此，称赞可以打开对方的心门，并且对方会努力做得更好。如果没有得到这样的 Feedback，他可能会停止相应的行动。得到支持性 Feedback 时，人会打开心门，洗耳恭听他人的意见，在行动上也会作相应的改善。可是很多人都只习惯指责。没有人“指责了爱人十年，结果爱人突然有一天作出了改变”。指责不能改变人，指责是最恶劣的 Feedback。

人际关系处理得比较好的人，他们最大的共

同点就是善用支持性 Feedback。异性缘比较好的人的秘诀也是多用支持性 Feedback，找到对方独有的长处并加以夸赞，令对方放松戒备。花花公子就是通过“称赞美女的时候就强调她很知性，称赞知识女性的时候就强调她的美貌”抓住女人的芳心的。想让不爱学习的学生学习，也不能通过念叨或者强迫，而要通过支持性 Feedback 来实现。得到支持性 Feedback 后，孩子会自发产生学习的欲望。

但是光有支持性 Feedback 远远不足，还需要告知对方他的缺点，善用可以让他行为发生改变的纠正性 Feedback。为此就要发掘别人会忽视的深层的细节。领导力的核心其实就是纠正性 Feedback，要称赞别人做得好的地方，同时也要指出其不足之处。

胡斯 · 希丁克 (Guus Hiddink) 教练是纠正性 Feedback 的高手。在 2002 年世界杯足球赛中，韩国能够进入“四强”也多亏了希丁克有令队员改正缺点而同时不伤感情的高明的 Feedback 技巧。他说：“现代足球界没有休息的空间，体力是进球的基础。中场是很辛苦的位置，尤其对高宗秀来说。他曾经达不到我的要求，我把这一点告诉了他。我的风格是，即使是坏消息也要及时传达给队员们。我告诉他们，中场不仅仅是传球这么简单，同时还要进攻和防守。我也责备他们说，双手叉腰休息是比赛结束后的事情，不能在比赛当中这样做。淘汰队员的时候必须直接去通报才合情理。要当面肯定对方在代表队所做的努力，并告诉他为什么会被淘汰，这样一来，选手才会更加用心弥补不足之处。只有做才能消除不必要的误会，不断进步。”

我们一般人浪费了很多时间在背后议论别人上，而不是直接给对方的优点和缺点以 Feedback。那个人怎么那样啊？我们的孩子为什么不好好学习呢？我婆婆为什么总是给人脸色看呢？我的上司怎么可以那样呢？在对方不在场的时候取笑对方，一旦面对面就什么都不说，这样做情况不可能有所改观。背后埋怨也许能够暂时缓解自己的压力，但是对于情况的改进没有一点帮助。这个时候应该使用Feedback。Feedback既是训练也是练习，它不仅是在职场、也是在家庭等所有人际关系网络中赢得对方信任感所必需的条件。

激励的技巧

激励的方法和内容应该根据对方是怎样的人、想要什么、优点是什么、问题是什么等而有所不同。

!

这件事发生在我在上一家公司担任董事期间。作为一家汽车企业，公司“鼓励”员工进行所谓的“信息销售”——向销售员介绍自己周围打算买车的人，以促进销售，业绩按照个人促成的销售量单独计算。说是“鼓励”，但大家都因此感觉

到了不小的压力。当时公司有个叫张秉洙的员工，大家对他的评价不怎么高。他业务能力不怎么样，人也比较消极，听说还有点心术不正。但是不知道怎么回事，他竟然卖掉了三辆车。有一次开会的时候，我出于好奇心、同时也想鼓励他一下，就在会议结束后叫住了他，问他是怎么卖掉三辆车的，并且表扬了他。我大概是这么说的："你有这样的能力，真是了不起啊。以后也请你再接再厉，好好发挥这方面的专长……"而且我还送给他一瓶洋酒作为鼓励。我永远不能忘记当时他有点惶恐而又充满感激的眼神。

经过这件事以后，那个员工彻底改变了，变成了诚实而正直的优秀员工。后来有一次聚餐的时候，他向我袒露了自己的心声："董事长，那次我是第一次进董事长您的房间，也是第一次当众听到那样的称赞和鼓励，第一次收到那么好的礼物，我感觉自己第一次受到了像人的待遇，于是决心从那以后一定好好生活……”就这样，我无意间的行动对一个人的人生产生了如此巨大的影响。如今我已经离开那家公司十年了，他还是会偶尔打电话邀我一起喝酒。

我爱人说她对小学三年级的班主任老师印象最深。因为老师曾经这样跟她说过：“人生在世，说话的习惯真的非常重要。有的人说话总是信口雌黄，你虽然年纪小小却很慎言，希望你以后也能保持这样的好习惯。”爱人说她听到这样的夸奖非常高兴，从此后在生活中更加慎言。

斥责和批判会伤人脸面，而鼓励则会让人浑身充满力量，因为你让对方知道有人认可他，他自己也有擅长的东西。那鼓励的特点和方法又是如何的呢?

第一，要认可鼓励的力量，寻找可鼓励的事情

对于绞尽脑汁指责别人的人来说，总是能找到他人可以攻击的弱点。与此相对的，只要花心

思，总是可以找到值得鼓励的优点。美国加州大学洛杉矶分校（UCLA）的前篮球教练约翰·伍登（John Wooden）在自己的球队得分时，每次都会给助攻的队员一个微笑、眼神，或者点头示意，以示鼓励。有一个队员问他："如果你看不到助攻队员的话怎么办？"约翰·伍登回答说："不可能，只要我努力找，一定会看到他。"鼓励能让优秀者进步，让落后者迎头赶上。

第二，鼓励要有事实依据

具体指出哪个部分做得比较好，比笼统的称赞要好。社长对我从国外出差回来以后递交的报告给予了这样的评价："报告做得非常好。尤其是后期计划书部分，内容很具体而且可行性高。把这个报告在全公司内分享一下吧。"托这份报告的福，我在后来的一年内工作特别努力。

第三，叫对方的名字也是很好的鼓励方法

20世纪60年代的日本女子排球队，队员虽然个头小、体能差，但是叱咤国际球坛，其秘诀就在于其教练在称呼选手的时候不说“你……那个……”，而是尊重每个队员的人格，称呼她们的名字。称呼对方的名字有利于增强彼此的亲密感。

第四，便签留言和书信也是很好的鼓励方式

20世纪80年代挽救福特汽车于水深火热中、令其起死回生的唐纳德·帕特森（Donald Patterson）会长每天都会给手下写便签纸留言以鼓舞士气。他说过：“我习惯在便签纸或者随便什么纸上随心写下一句话传达给手下员工，写下这些话可能只花我十分钟时间，但这十分钟是我每天工作中最重要的部分。”

第五，鼓励要真诚，要具体，要及时

饭要趁热吃，有值得鼓励的事情，也要及时称赞才有效。

第六，鼓励不只是自上而下的，不只是年龄大的人对年龄小的人的鼓励，每个人都渴望被鼓励

职位很高的公司领导尤其如此，可惜没有人能够鼓励他们。员工有义务鼓励领导，以使经营活动进行得更好。鼓励不要空泛，应该从细节处入手，比如："总监您上次在会议上的演讲实在太精彩了。真是句句真言啊。"

说实话，鼓励没有什么"王道"，也没有适合所有人的鼓励方法。有的方法适合一些人，对另一些人却行不通，因为每个人都是不一样的，需求也不同。所以，仔细观察每个人非常重要。观察他是什么样的人、真正需要的是什么、他的优

点是什么，从而决定以何种方式激励对方才比较合适，然后付诸实践。

被认同的需求是人性最本能的需求之一。而鼓励正是尊重对方的独立人格和尊严的表现，它能给对方以勇气，令对方更加奋发向上。每个人都能批判，但是只有专家才懂得如何鼓励。因此，国际企业的经理人教育课程中必然包含“认可和鼓励”（reward and recognition）的课程。因为认可和鼓励是沟通的基础。

“将你在公司工作的时间缩短一周”

即使是给员工以指责性 Feedback，
只要注意语言的技巧，就不会伤害对方的感情。

!

我曾经给某集团的管理层上过几次领导力培训课程。也许是因为他们都从事建筑行业，大部分人都是中年男性，气氛非常沉闷，一个个都很拘谨，显得对生活没有信心。大家相互之间没有目光

交流，也不说话。我觉得很纳闷，于是向负责人请教为什么会这样，负责人说这是他们的老板——会长——的性格造成的。“我们会长大人的风格实在太强硬了，总觉得我们做得不好。哪怕是犯一点错误他也会瞪大双眼大发雷霆。所以，开会的时候也没有人敢斗胆发言，这里是彻彻底底的独裁主义体制。”后来我见到了他们的会长，他自己也承认这一点：“公司规模比较小的时候，这样的领导方式是有用的。随着公司规模不断壮大，员工也超过了几千名，以前的领导方式不再适用了。公司都这么大了，如果每件事情我都要亲力亲为，的确是会有问题的，我的身体也受不了。我也期望情况可以有所变化，可是实践起来不容易啊。”

什么样的领导是称职的领导？领导最重要的职责到底是什么？领导是团队中最聪明的人吗？领导需要无所不知吗？绝非如此。所谓领导力就是善用他人的力量实现自己的目标。因此，领导首先要会“收买人心”，这样才能聚集智慧赚钱。称职的领导不会想着每件事情都要自己去负责。他会把要做的事放心地分配给团队成员；他会努力营造让人可以毫无顾虑地发表自己意见的环境。对于领导来说，最重要的事情只不过就是激发成员对工作的热情。有热情的团队是很热闹的，开会的时候总是意见纷纷，可以自由地阐述自己的想法，为了实现自己的想法而对工作充满热情，没有人会因为怕看其他人的眼色而不敢发言。

GE（通用电气）韩国区的采郁会长是这方面的代表。首先，他本人看起来比较有亲和力，在他身上丝毫找不到权位主义、严格、强硬的影子。他总是努力让别人觉得舒服。他的书《百万美金的热情》中有这样一段话：“领导是经营活动的游戏规则制订者。领导的职责就是营造一个可以让员工充分享受游戏的氛围。因此领导必须要具备Open-Mind（开放性思想），要耐心接受员工的想法。能够耐心接受也是一种能力。要不惜费心、费力让气氛变得愉快。一个简单的微笑要比十次聚餐更能增强凝聚力。”

但这并不是说他总是笑。因为，实际上，职场生活中让人生气的事情远比让人高兴的事情多。但是他有自己独特的 Feedback 方法。他在提出 Feedback 的时候不会伤及个人感情却又一针见血。比如，当有人工作做得不到位的时候他会说：“金科长，你在 GE 的职业生涯要缩短一个星期。”而当有人工作做得很出色的时候他就会说“延长一个星期”之类的话，这样的玩笑在 GE 内部是大家都知道的。这种方式可以令犯错的一方和指责的一方互相不伤感情。

他的 Feedback 哲学如下：“生气的时候发火是应该的。但是发火的话，稍不留神就会使团队意志消沉。一般，员工发火都会使周围的气氛变得紧张、对工作造成不好的影响，如果一个领导发火，就更不用提了。领导发火必须要先算一笔账：如果随心所欲因为员工的过失发火，领导心里当时可能确实能好受些，可是过后该怎么收拾呢？发过火以后，犯错的员工自然不必说，连其他员工都要看领导的脸色行事。这样一来，领导再想要扭转局势、营造轻松的气氛就很难了。用经济学的眼光来看，发火也是得不偿失的。”

贫瘠的土地就算撒上种子也结不出果实来。要先把贫瘠的土地变成沃土，再撒上种子，才能收获果实。人也是如此。独裁的、风格强硬的领导氛围下没有人愿意表达自己的想法，真实意愿会消失得无踪影，只剩“外交辞令”；没有了实话实说，只剩阿谀奉承的人摸着领导的心思说好听的话。领导最重要的职责就是营造轻松愉快的工作氛围，调动员工的热情，让大家兴致勃勃地工作，就是制订了好的游戏规则。这样做的效果绝对会让你大吃一惊。

建立良好的人际关系

人际关系是一个给予和获得的关系，
两者当中应该以给予为先。

!

我们经常会听到这样的说法："一个人的年薪和他经常见的朋友的年薪差不多；想了解他是怎样的人可以看他经常和什么样的人见面；在一个人的葬礼上可以了解到一个人生前生活得如何。"

随着年龄的增长我们会切身感受到周围的

人是多么重要，甚至觉得周围朋友的成功好像就是自己的成功——因为我们可以因此获得更好的机会和信息。华盛顿政界有一句脍炙人口的话叫“Not what you know but who you know”——比起你懂得什么知识，你认识什么人更加重要。尤其是越往社会上层走，人脉越重要。跆拳道教父李准九就以通过管理人脉取得成功而闻名。他认识美国前总统小布什、前国务卿鲍威尔、加利福尼亚州州长施瓦辛格、众议院议长鲍勃·利文斯顿、众议院前议长金里奇、日本的猪木宽至等重量级人物，这在关键时刻给了他非常重要的帮助。

既然人际关系如此重要，让我们来看看建立良好人际关系的必要条件。

首先，自己必须是一个不错的人

“物以类聚，人以群居”，坏人周围绝对不会有好人。想不劳而获或者一劳永逸的人会遇到相似的人，过相似的生活。因此，要建立良好的人脉，自己首先必须成为优秀的人。

其次，人脉要从年轻的时候开始用心建立

找一个榜样，然后努力像那样生活；寻找自己的贵人，同时也要努力成为他人的贵人。当然，不能因此就觉得人脉是为了互相利用而建立的。如果这样想的话，是不可能建立良好的人脉的。你不刻意利用人脉，人脉才会产生。人际关系网里的朋友即使不常见面也要值得信任才行。不过，我本人不太欣赏成天标榜自己认识这个认识那个的那种人。

第三，不要刻意期望什么回报，而是放心地给予

吝啬是人脉的天敌，吝啬的人不可能聚集人气，大富豪都是喜欢给予的。多多给予，才能聚

集人气，接触好的信息。世上的人分为两种：努力给予的人和努力获得的人。所谓给予不只是物质上的给予，称赞、幽默、给予好的机会都应该包括在内。

第四，从现在所在的位置出发

有的人在家连自己孩子的饮食都照顾不周还跑到外面去参加公益活动；有的人在工作中不务正业，却经常活跃于外面的各种聚会。这种现象很不正常。人脉管理应该从现在所在的位置开始做起。请每天见面的同事吃顿饭、偶尔送上一句温暖的问候比什么都重要。在现在所在的位置上获得好的评价也是最重要的，因为他人对自己的判断是不由个人的意愿所决定的。但“好酒不怕巷子深”，好名声一定会越传越远。在现在的位置上有好的表现，去到别处也一样会有好的表现。

第五，吃亏是福

想维持良好的人际关系就要时时准备着吃亏。人际关系不像数学公式那样一是一，二是二。如果总是抱着“我给予了你一次，你就一定要还给我一次”的心态生活，就太辛苦、太无趣了。虽然人际关系就是给予和获得的关系，但是两者当中应该以给予为先。自己先给予了，对方给予的可能性才更大。当然，在自己给予以后，对方可能没有相应的回报。这时候谁都无可奈何了。

第六，机会来的时候，请转达自己的心意

我的一个姨妈已经七十岁高龄了。她曾经为我付出过很多，于是我给她送了一份厚礼，礼厚得甚至有点过分，但是没办法，我就是想用礼物表达一下我感激的心情。红白喜事也是如此。平常以为很亲近的朋友没有来，或者虽然来了给的

红包却小得看不过去，都会让人很伤心。好好利用红白喜事的机会，向对方转达自己的心意，这一点是非常重要的。

人际关系就像干农活，不能够拔苗助长、一蹴而就。必须长期用心、照顾、打理，同时要抛弃功利性目的、用真心去对待。

忠告和糖衣炮弹

在对方完全没有心理准备的情况下随便给对方以忠告，只会损人不利己。

!

有个人以喜欢直言不讳而出名。他主要善于找问题，去吃酒席的时候他能在一堆美食中挑出某个菜调料搭配得不好，令主人诚惶诚恐，平常他也喜欢指责周围人。能在他的面前做得好那真是太了不起了，有不顺心的地方他是绝对不会放

过的。但他自己却以此为荣，还标榜说“我不会在背后说三道四，有什么不满都是当面说出来而不会藏在心里”。

实际上，周围人并没有因为他的指责而有所改进。久而久之，因为他实在太烦人了，周围的人听他说话的时候干脆一边说“又在讲废话了”，一边对他的话左耳进右耳出。他本人是出于正义感所以说这说那，可是周围的人却因此受到了很多伤害，都极力回避他。

金理事的性格算是无可挑剔的，他工作很勤奋、做人也很认真。他总是觉得自己有很强的正义感，如果他不出面的话，就要天下大乱了。他本着除强扶弱的思想，对属下员工宽厚仁慈，对上司和同级同事却非常苛刻，手里随时拿着一把戒尺，不允许出现丝毫差错。在公司里他的言论就是圣旨，稍有差池他就让对方吃不了兜着走。

“这次的失误的是经营层的责任，我们怎么会制订出那样的策划案？为什么把钱花在没用的地方？投资回报率如何呢？业绩这么差的部门还有存在的必要吗？”就这样，不管是自己负责的领域，还是其他人负责的领域，甚至是 CEO 负责的领域，他都会信口开河、大加批评。听他的言论，会觉得只有他一个人是正义凛然的，其他所有人都心术不正。

当被问为什么这么喜欢批判别人的时候，他却摆出了自己的一套哲学：“没有言论自由，就没有进步。”但他自己也绝非完美，开会的时候动辄就迟到甚至缺席，而且也很不守约。这样一来，我不得不质疑：他在尖锐地指责别人的同时自己又得到什么了呢？那样打击别人，他能有什么收获呢？我想起了“对立”这个词，想起了破坏性 Feedback（destructive feedback）。跟他一起开会的时候，会觉得这不是一个交换意见、决策的地方，而是互相揭伤疤，然后在伤疤上撒盐的地方。

维持良好的人际关系是会遇到很多困难的。其中的一点就是，指出当事人自己无法察觉的缺点并引导其改正不足，给出忠告。即使是圣人君子，如果听到别人指出自己的缺点并要求改正时，也很难做到面不改色、虚心接受。因此，大部分人都不愿意轻易说不好听的话，即使说也会小心地审视对方的心情和当时的实际情况。要想使这类 Feedback 取得良好的效果，需要注意几个要素。

确认 Feedback 是否具备几个条件，比如自己是否做得很好，与对方的关系是否足够亲密，对方是否想要那样的忠告，忠告是否带有私人偏见或感情，确认后再给对方忠告。否则，再好的忠告也有可能伤害对方和彼此的感情。

西方有句俗话说："给对方忠告以前最好先列举几条他的优点，其作用就像苦药包上糖衣一样。"这句话形象地说明了给人忠告是件很不容易的事情。如果在没有任何准备的情况下随时随地随便给人忠告，只会损人不利己。

忠告虽好，一定要慎重慎重再慎重、三思三思再三思。

对话的技巧（1）——关心对方

对话如同打乒乓球，是一个给予和接收的过程。
发出去的球如果没有打回来，就不算真正意义上的对话。

!

很久前的一天，我突然接到了一个有些交情的熟人的电话，电话里他的声音非常激动，说希望马上见一面。我好不容易抽出时间和他见了面，没想到一见面他不管三七二十一就让我做传

销。说光是靠上班赚钱太有限，传销才是新时代的“福音”和“礼物”；还说我们认识的另一个人才做了几年就成了“钻石王老五”；还有人本来无所事事的，现在也混得很好……反正意思就是说，没有比做传销更好的事情了。我一听到这些就恼火，心想这就是你急着把我叫出来的原因吗？我很忙！这个人知道我的处境和状况吗？知道我的困难是什么，我关心的是什么吗？他极力想说服我，可是这怎么可能呢？他根本就没有打开我的心门。他根本就不关心我，他只关心自己的事业如何，关心如何能够把我拉下水。

很久没见的熟人来了电话，说是要见一面，有工作上的事情要谈谈，我当然不能拒绝。我和他以前交情挺好，他人很不错，所以就约了时间出来见面。可是一见面，他就开始滔滔不绝地说自己的事情，包括自己如何如何成功、认识的人现在如何如何，等等，例如，某家很不错的公司是因为自己的决策而得到了投资所以才能成功、某某社团的最初发起者就是自己、自己的一个朋友做什么什么后来成功了、自己在做什么什么……而对于我的情况，他一概不问。虽然我也觉得老朋友好不容易见了面，说说自己的情况也是理所当然的，但是我越听越疑惑——这个人了解我吗？关心我吗？他跟我见面到底是为了什么？他这样完全不问我的近况、只说自己，让人越来越无聊。

无论是在家庭里还是公司里，对话无疑都是最重要的。人际关系始于对话，止于对话。如果不善于对话，不仅在交友方面，就连在公司运营方面都会出问题。对话犹如打乒乓球，是一个你来我去的过程。打出去的球如果永远不再回来，那就不叫真正意义上的对话，而是自夸、闲谈、瞎扯。话多和会说话也是两回事。说自己混得多好，自己去旅行的地方多美，自己认识的朋友中成功人士有多多，自己的儿子有多帅、学习有多好，这些都不是对话，而是闲谈。说这样的话很容易让听的人觉得厌烦。

朴社长就是这样的人，他自己开了一家小公司。他向来不分时间和场合，喜欢自说自话。他很强调对话的重要性，动不动就把属下的人叫到一起开个人演讲会。上班时间也就算了，连聚餐的时候也那样。因为这样，他们公司的人最讨厌公司聚餐。对员工来说，吃一顿饭从头到尾听一堆废话，简直就是酷刑。而朴社长自己则很纳闷：为什么我花这么多钱请大家吃这么贵的东西，却没有人愿意去呢?

对话是互相关心的过程，是思想的分享。对话必须以同感为基础。不幸的是，很多人对其他人都漠不关心，只关心自己。因此，要想使这些人关心你，你必须先关心对方，然后他们才会关心你。

对话的技巧（2）——提问

对话的前提条件是对对方抱有极大的好奇心和关心。

!

我原本只是在公司内部写些“Han’s Letter”这样的专栏，后来正式开始写作，是通过*Kbizweek*这本杂志。当时我在咨询公司工作，每周都会写题为“经营随笔”的连载，得到了很多读者的支持。其中一位是目前在环境财团工作的李美晶事

务长。当时她在韩国领导人中心担任宣传部长，曾经写过一封邮件鼓励我，信中措辞非常文雅："我是韩所长您的热情粉丝，我总是忍不住为您看待问题的视角之新颖而感叹，对于您来说，写作似乎是轻而易举的事情……"

即使是神仙也不能抵挡这样让人如沐春风的称赞，所以我自然对她印象很好。我们偶尔会有邮件来往，后来有一天她请我吃午餐，我当然没有理由拒绝。见面后，她对我表现出了极大的兴趣，不停地提问："您是什么时候开始写作的？开始写作有什么原因吗？您从哪里搜集素材？您转行的目的是什么？您对现在的成就满意吗？"只不过一顿饭的功夫，她好像已经对我有了一个全面的了解，而我自己也因为她的提问而感觉良好。后来我才知道她是为了获取必要的信息，挖我去她们公司工作。结果，她的目的达到了，我加入了她们公司。我从来没有后悔过当时和她见面，而是对这样的缘分心存感激。

某协会陷入了经济问题、组织结构问题严重的困境，这个协会的一个负责人恰好是我的同学，他来向我求援，表示协会陷入了困境，希望我可以给一些建议。我答应了见他们的会长，但见面的时候他就知道谈自己的事情——这个协会本来没有任何基础、多亏自己才能维持经营，还举办了这样那样的活动，自己给这个协会筹集了多少多少钱，有多少多少政界人士给协会资助……

既然做得这么好，为什么还需要我的帮助呢？我实在想不通。整个谈话过程中他也没有问我任何问题，所以我什么话都没机会说，只能不停地点头。虽然整个见面过程不过一个多小时，但对我来说像是过了一年，极度漫长而无聊。后来对方又邀请我见面，我郑重地拒绝了。

人都有表达自己的欲望，但是必须先对对方的事情表现出兴趣，耐心听对方讲话。这样，对方也才能耐心听你说话。有的人说起自己的事情来两眼放光、唾沫星子四溅，可一旦开始听对方说话，就开始转移视线、坐不住了，这样的人是最不会和别人交流的。对话的前提条件是对对方抱有极大的好奇心和关心，把每次与人对话当成是和自己喜欢的明星交流，就一定能取得很好的交流效果。

兴趣和好奇心可以通过提问来表现。提问能令对话水到渠成，没有提问就没有对话。譬如在一个鸡尾酒会上，如果人人都神情严肃、紧闭双唇，那该有多闷啊。这时候如果有人主动开口说句话，气氛肯定会有个一百八十度的大转变。

提问是我们拥有的最好的社交手段。听完课后向老师提几个问题，跟间接表示你喜欢他的课程是一样的，有人向你介绍朋友的时候如此，父母子女隔了几周相见的时候也是如此。最失礼的事情就是不问任何问题，一动不动地坐着。该提问的时候如果不提问的话，可能会让对方深感不悦。因为这样做就如同跟对方说：“我对你一点兴趣都没有，我是不得已才跟你坐在一起的。”

时刻保持敏感、时刻保持好奇心、时刻对他人充满爱意，积极提问、耐性倾听，这些是成功交流的关键。

无声的交流

有一项研究结果表明，
人际关系的 90% 以上由肢体语言完成。
也就是说，身体活动、眼神等其他动作在传达我们的心意。

!

我曾经在正式的场合观察社会现象，那是一个有超过 100 多名社会各阶层人士同聚一堂的聚会。当时看到了很多经常在媒体上出现的面孔，非常有意思，我想去找他们当中的每一个人要签

名。主持人讲了开场白以后大家轮流作自我介绍，介绍自己是谁、如何加入了这个团体、对今后团体发展提出建议或想法。

当时气氛很活跃，有很多人的讲话都值得一听。但是正如“林子大了什么鸟儿都有”这句话所说的一样，还是有惹人讨厌的人，他就是某前任政界人士。别人讲话的时候，他紧锁双眉，充耳不闻。就因为他一个人，他所在的那张桌子气氛变得异常紧张。但是轮到他自己讲话的时候，他瞬间变了一张脸，脸上挂着慈祥的微笑、满口金玉良言。他的讲话虽然精彩，我却完全不能相信。他自己刚讲话完毕，就又开始和身旁的人闲聊、接电话、心不在焉，不一会儿就离开了会场。我和他素昧平生、更谈不上对他有什么偏见，但他给我的印象很不好。

对对方充满好奇和兴趣，是不用花一分一毫代价就能使对方心情好的最好方法。一边微笑、一边提出各种各样的问题，与对方来一次愉快的谈话，只要这样，你就能够博得对方的欢心。相反的，即使没有丝毫害人之心，如果漠视或者忽略对方的存在，当对方说话的时候你表情冷漠、充耳不闻，也会使对方感觉非常不快。无论是在公众场合还是私人场合，人在讲话的时候都会不停地看听众的脸色、寻找支持者，看到目光炯炯有神、倾听自己讲话的人，自然会感到高兴、说得更加起劲儿。

沟通分为言语性的沟通和非言语性的沟通，其中言语性的沟通所占的比重非常小，反而是非言语性的沟通更加重要，这当中包括人的声音、姿势、目光交流、物理距离，等等。

为了实现更好的非言语性的沟通，必须牢记 SOFTEN，SOFTEN 代表微笑 (Smile)、开放的姿态 (Open posture)、身体前倾 (Forward lean)、轻轻的接触 (Touch)、目光交流 (Eye contact)、点头

(Nod)。面带微笑、怀着开放的心态、椅子尽量靠前、身体前倾、看着对方的眼睛、时不时点头示意——用这样的姿势倾听对方的谈话是最好的。如果人人都以这样的状态和别人对话，人与人的沟通就会非常顺畅；反之，沟通过程则会困难重重。面无表情、身体向后倾、心不在焉，如果你在听对方讲话的时候摆出这样的姿态，对方也一定会以牙还牙。

越是埋怨沟通不畅的人，越是觉得所有的问题都可以用语言来解决。自己讲话的时候讲得津津有味，而对方讲话的时候则表现得无精打采。听对方讲话时的反应是自己对对方心意的表达，人只有感到自己受对方尊重的时候，才会倾听对方讲话、向对方打开自己的心门。

有一项研究结果表明，人与人交流90%以上的部分由肢体语言完成。可见，在沟通的过程中语言本身的作用是多么微不足道。也就是说，我们的心意是通过身体活动、眼神等其他动作在传达。例如对话的时候，我们可能会不由自主地两手交叉放在胸前，这个动作是本能性的防御动作。在这样的情况下，无论对方表现得如何亲切、如何作出保证，如果另一方还是两手交叉放在胸前，那么他所说的话很有可能并不是百分之百的真心话。

平时，在不引起误会的前提下适当地接触也有利于快速使人际关系更加亲密、打破人与人之间的隔膜。

不要试图用言语来表达一切，要时刻铭记"身体更能表达我们的心意"。

不要指示，要提问

提问是让对方思考的最好方法，
它可以令属下了解你的需求。

!

我认识一个人，他本来在国企工作，金融危机以后进入了外企工作。一次，我和他见面时明显感觉到他的状态变好了很多，性格也变开朗了。

我问他："有什么好事儿吗？"他回答："最近觉得工作很有意思。原来领导不同，公司营造的氛围会有这么大的差别。”我于是又问他，“外国人上司”好在哪里？他回答说：“以前的社长喜欢训诫和给下属指示而从不提问，现在的社长没有太多指示，却经常提问，而且特别善于提问。”

我不太明白他的意思，于是打破砂锅问到底，让他向我详细揭示事情的经过：

“我原来不知道提问的力量有那么大。有一天，我走进了社长办公室，社长这样问我：‘金部长，你是这个领域里国内最高的专家吗？’我被问了个措手不及，于是回答‘是’。‘那你在全世界也是最棒的吗？’我思考了一下，回答说‘应该不是’。他的提问继续，‘如果说这个领域的世界最强是100分，你觉得自己能得多少分？’因为从来没有思考过这个问题，我仅凭一时的冲动回答说‘大概能得70分’。于是他继续提问，‘那你觉得明年这个时候你自己应该得几分呢？’我不假思索地回答：‘能达到90分。’他又问道：

'那你想过自己需要怎么做才能达到90分吗?' 这个问题还真是让人伤脑筋，怎么会没有思考过呢? 我于是信口开河: '我负责的是经营，为了成为最强的经营专家必须在几方面多加努力: 寻找对经营有利的人才，定期访问客户以了解他们的需求，接受CRM(客户关系管理)培训，开发有用的工具以掌握核心客户，向员工传达我们的经营理念……' 没想到社长却说: '现在不用急着回答我，请你根据今天的提问做一份战略企划再来向我报告吧。' 我还是头一次遇到那样的事情，以前从来没有过那样的经验。"

社长虽然没有说一句不好听的话，甚至没有给什么指示，但是接下来的几天对金部长来说却异常艰难。通过社长的提问，金部长不得不第一次慎重地思考自己事业的现在、未来，以及为了自己事业的未来应该怎么做。因为报告是根据自己的思考写成的，所以必须说到做到。和以前相比，虽然做的事情是一样的，但和之前被动接受指示做事有本质的区别。他工作的时候更带劲儿，每天都能看到感到自己的进步，因而觉得自豪。

心急就会容易通过指示解决事情。指示的缺点在于，发出指示的人是认真思考过问题的，但接受指示的人却没有。接受指示的人为了执行只需使用身体而非头脑，因此虽然辛苦却不“心苦”，因为是照指示办事，所以没有任何负担或者责任感。这样的公司是社长一个人的公司，而这样的公司可以说不计其数。社长一个人又敲锣又打鼓，员工不过是忠实的随从。

提问是让对方思考的最好方法，它可以令属下了解你的需求、为你分忧解难。但是，人一般不喜欢被提问，尤其是习惯了按指示办事的人。向从不用心思考、只知道按指示办事的人提问，令他习惯于自己独立思考问题，这本身就是一件很不容易的事。虽然如此，为了你自己、你的属下、团队生产性的提高，好的提问是必需的。

与其给出“为了这个项目能够成功，大家必须积极配合”这样的训诫，不如问大家“大家觉得这次项目取得成功的关键是什么呢”，好的提问能使团队的生产性成倍地提高。

形成同感的重要性

达成共识就等于解决了一半的问题。

!

一直在赤字困境中挣扎的 A 企业，其社长金社长一有时间就把员工召集在一起进行日常的宣讲："我们所处的时代是一个所谓的超竞争时代，在这样的时代，弱者必将灭亡，强者才可生存。我们要一起勒紧裤腰带，咬紧牙关一起度过危

机。”就算是金玉良言，一遍一遍不停地说也会让人发疯的，所以，员工们只要听到社长的演说就心烦。一个员工这样说道：“自从进了这个公司，我从来也没有听到过一句好话，比如说托大家的福公司经营得不错之类的话。成天说让勒紧裤腰带，现在裤腰带已经紧得不能再紧了，成天说让咬紧牙关，牙关也已经不能再紧了，现在我的腿都已经变成假肢了。”这些虽说是笑话，却非常生动地说明了他们社长的话根本没有得到下属认可。其实，这一点社长在演讲的时候怎么也应该通过员工的反应看出来了吧，可是他没有，作为社长，他也太没有眼色了吧……这是“自说自话”的典型。

要想使生活一帆风顺，与别人形成同感是非常必要的。甚至可以说，与下属形成同感的程度是考察一个领导称职与否的最重要条件。不管上司如何扯着嗓子诉苦，如果他所说的话不能引起下属的同感，就等于瞎子点灯——白费蜡。更严重的是，随着这样的事情反复发生，阻碍沟通交流的壁垒会越垒越高。

多个人一起工作的时候，几乎没有什么事情是可以不通过达成共识就能完成的。政客们动不动就打出各种宣传口号却不能引起选民的共鸣从而实现政绩，士兵们厌烦了部队长官的训话，这都是同样的道理。那么，让我们来思考一下形成同感的几个要素。

形成同感的先决条件是了解对方

想了解对方，就要对对方感兴趣。要想办法知道他们在想什么、想要什么，了解对方的快乐和忧愁。想要了解这一切，首先要做的不是大肆发表演说阐述自己的想法，而应该向对方提问，真心倾听对方。在不知道对方想法的前提下，同样的话说上百遍上千遍也是没用的。侧耳倾听才是说服对方的最好方法。

信赖感很重要

要思考一下在说话人和听者之间的信任感达到了何种程度。信赖是一个人日常行动、语言、决策、思想等等的结合体。信赖感只属于耿直的人。而信赖只给守约，对他人充满热爱和关心，行得正、走得直的人。每个人都可以先检查一下自己的信赖感能得几分。

率直

率直是最好的政策——这是千古不变的真理。没有比率直更加强大而有号召力的武器，想拒绝那些坦诚陈述自己的想法、需要帮助的人是很不容易的。现实中却有很多人认为诚实会让人吃亏，真的是这样吗？在思考是否应该诚实正直地做人之前，我们先想想，人有可能表里不一地生活吗？答案是不可能。虽然短期来看好像是可以的，但结果会是一片混乱，这当中付出的代价将是惨重的。真实地阐述自己的想法是形成同感最重要的因素。你的心门向对方打开多大，对方的心门就向你打开多大。

模范作用

人们不会被圣人的教诲感动，不会对严肃、令人敬畏的话有感觉，因为话人人都会说，所以人们关心的是说话的人是否有资格说那样的话。嘴上说悬梁刺股是一回事儿，但是否能够亲身实践却是另一回事儿。如果自己坐着豪华的办公室、享受着私人司机驾驶的名车、周末总是跑去打高尔夫球，却在员工面前要求大家勒紧裤腰带过日子，大家一定会觉得你没有资格说这样的话。所以，在说话之前要先检讨自己是否有资格说那样的话，所说的一切自己是否亲身做到了。

达成共识就等于解决了一半的问题，这看着

容易其实很难做到。“形成同感，谁都能够做到，但并不是随随便便就能做到，要费不少心思才能做到。

态度决定一切（1）

态度是向他人传达自己想法的媒介。

!

给一个很久没联系的朋友打了电话。我们本来是非常亲密的朋友，因为从事的行业不同，住的地方离得也远，所以很少联系。我是因为想念故友才打的电话，没想到朋友的声音非常冷淡，听起来就像接一个每天见面的普通人的电话一样，没有任何感情，更别提高兴了。“打电话有什么事

吗？”他虽然没有直接这么问，但给我的感觉是，他好像以为我打电话就是要拜托他帮忙一样。我只不过是想念古人所以打电话问候一下，但是他这样的反应真让人寒心。我于是随便寒暄了一番，赶紧挂了电话，后来再也没有给他打过电话。

也有相反的例子。有一个不太熟的朋友，因为我碰巧有事找他，就给他打了电话。太久没有联络了，所以我打电话的时候也分外小心，心里七上八下的，担心他如果不记得我怎么办，就算记得如果只想随便应付我一下怎么办。没想到对方接到我的电话喜出望外、非常高兴，问我过得怎么样，说是偶尔听到过我的消息，有时间出去吃顿饭……我说明了自己的意图，他很爽快地说这点小事他能够解决，让我不要担心，他的热情让我非常感动。

韩国教练中心（Korea Coach Center）的高贤淑代表在面试员工的时候最看重其态度。因为比起面试当时所说的话，员工说话时候的态度能传达更多的信息——进入面试会场的样子、坐姿、表情等都包含着大量信息。有时候高代表也故意安排多个竞争者一起面试，观察每个人在他人讲话时的表情。有的人自己讲话的时候目光炯炯、说得很带劲儿，但只要自己一讲完就变得面无表情。人在静坐时候的表情也是可以传达很多信息的，这一点很多人可能没有意识到。

有个证券公司的代表也用同样的方法选拔过人才。因为竞争者比较多，所以他安排每次 5 个人一起面试。其中一个候选者不仅在自己发表讲话的时候很专心，在其他人发表意见的时候也很认真，甚至把头转向说话者的方向细心倾听。奇怪的是，面试结束后面试官们的意见分成了两派，其中一派说：“这个人有点奇怪，别人讲话的时候都转头去听，有点太夸张太做作了吧。”另一派则认为：“对他人表现出应有的兴趣、认真倾听他人的意见不是很好吗？”社长于是打电话把准备回家的那个候选人重新叫了回来，并且问道：“你为什么对其他人的讲话那么感兴趣呢，甚至转过头去听，是不是有点夸张了？”没想到他如此答道：“我是那样的吗？我自己没有意识到。也许是因为在家里和家人谈话的时候养成那样的习惯了吧。”社长听了他的回答后，决定当场录用他。因为社长觉得他的态度很端正，所以不会有什么问题。

每天让我们觉得幸福的原因是什么？是有钱？开好车？遇到贵人？这些当然也可能成为影响我们的幸福感的原因。但每天和我们接触的无数人之间的关系才是让我们觉得幸福或者不幸的最主要原因。差异不在大事上，而在非常微妙的态度之间。平常工作中发 E-mail 的时候，有的人会附上让人感觉很温暖的问候的话语；有的人的 E-mail 则没头没尾。有的人把文件放在同事桌子上的时候，会附上标签纸，问候并简单说明一下，有的人则让收文件的人丈二和尚摸不着头脑——不知道是谁、为什么放了文件在自己的桌子上，于是不得不在办公室大声喊："是谁把这个文件放在我桌子上的？我要做些什么呢？"

我每周会写一篇文章与大家分享，读者的反应也是千差万别。有的人每次都会回帖给一点简单的意见，让人感觉到写文章的价值；有的人则一次都没有回应。态度是向他人传达自己想法的媒介。"世界上每个人都是很珍贵的存在，大家要一起在这个世界上生存，生存本身就值得感激。"类似这样的想法会通过你的态度原原本本地传达给对方。而你的态度则决定了你的付出和收获。因为，工作打电话的时候、每天写 E-mail 的时候、商场开门的时候、乘地铁的时候，这一切一切琐碎的举动都表现了我们的内心世界和对对方的想法。态度说明一切。

态度决定一切（2）

态度是心灵的镜子。

通过态度这面镜子，可以了解一个人内心深处的想法。

!

一个周六的下午，我在水源站旁边等着打的去亚洲大学办事，当时那里是人山人海。等着等着眼看约会时间要到了，还是等不到车，我就走到马路对面去打车。等了二十分钟以后，好不容易等到车了，上去以后很自然地向司机师傅诉苦

说打的有多难，没想到对方用生硬的语气说："打车要是那么容易的话我们这些人还怎么活？打车难我们才好过啊。"他说得很严肃，完全不像是在开玩笑，听了这话，我的心情一下子跌落到了谷底。这时虽然我已经快迟到了，但是有人要求合乘我还是答应了，没想到后来竟然按时到达了，我心情一好，就没有让他找钱，结果人家连句感谢的话都没说。我觉得很难过，甚至后悔自己没有让他找零。真不知道那个人是怎么想的，看到人家打不到车干着急的时候竟然心里暗暗高兴，找钱的时候占了便宜也不说声谢谢，他脑子到底出了什么问题？

邀请我去讲课的人态度也是千差万别。有的人邀请我去讲课，但是到讲课的当天为止一次也不和我联系，不提前知会我一下对方是什么公司、什么样的会议、什么议题、怎么去会场，必要的信息统统没事先通知我。与其这样还不如他们自己聚在一起讨论讨论，为什么要花大价钱请我这样的人去做演讲呢?

有的人则相反，安排得非常妥善。自己的公司是怎样的公司、目前的困难是什么、希望听到什么，甚至坐车怎么去、开车怎么去、能否一起用餐，等等，都事先告知我。去的路上也时不时打个电话问一下到达的情况，路上是否顺利，有没有什么不便之处。虽然比较麻烦，但这样体贴的公司让人觉得很有人情味儿，感觉自己受到了尊重，所以就想把课讲得更好以报答对方。

态度是心灵的镜子，通过态度这面镜子可以了解一个人内心深处的想法。态度不仅可以用眼睛看到，也可以用耳朵听到。当你打电话去某家公司，接电话的员工对你说“您好，请问是哪位”的时候，他不单纯是在问候你，而且是在向你传达一个信息：我喜欢你，你对我们来说是很重要的人；我为我所在的公司感到自豪，我喜欢自己的工作，我能为您做点什么呢……当然，同样的话，出自另外一个员工，有可能就传达了完全不同的信息：你为什么打电话过来，真是烦死了；我讨厌这家公司，更讨厌自己的工作，别再来烦我了。

所谓“纸包不住火”，人的思想和心情是无法掩饰的，它总会通过这样那样的形态表现出来，这就是人的本性。因为态度傲慢、说话的语气不好而伤害了对方，即使事后觉得抱歉而极力解释“你知道我有多在乎你吧，不要再误会我了”，也没有用，因为对方已经清楚地了解到你对他的感觉了，他已经通过表情、姿势、语气等外在的态度了解了你的意图。向对方传达善意和爱意的时候不一定需要通过语言；同样的，厌恶和轻视也不一定要用语言来表达，态度会传达我们所有的思想。

在人类漫长的历史中，有语言只是“最近”

发生的事情，在这之前人类只通过尖叫、呻吟等传情达意。在很长一段时期内，人们通过肢体动作和面部表情等和他人沟通：心情不好的时候撅嘴，生气的时候皱眉，看不起人的时候撇嘴，心情好的时候满脸笑意，这些习惯一直保持到现在。还是那句话，态度表明一切。

打动人心

得人心者得天下，这就是经营的精髓。

!

经营就是灵活运用所掌握的人力达到自己的目的。因此，经营就是打动人心的过程。想要打动人心就必须有洞察力。首先我们来思考一下，人是怎样的生物，怎样才能打动人心，以及怎样才能赢得人心。

有的人从见面的瞬间起就很吸引别人，让人感觉很好、有想和他交谈的冲动。相反的，有的人则让人看着就心烦、心情不好。这种感觉很难说清楚，但人与人之间确实存在这样的差异。是否吸引人，决定着一个人的人际关系，甚至对个人的事业也有很大的影响。那么，吸引人的人有什么特征呢？怎样才能变得更吸引人呢？

要变得吸引人，首先要面带微笑

有的人脸上仿佛写着“别靠近我，靠近我我就要爆炸”之类的字眼。没有人会去接近这样的人，连幸运也会转身逃走。美国橄榄球 MVP（最有价值球员）海因斯－沃德（Hines Ward）总是面带微笑，因此他很受大家喜欢。与此相反，有的选手虽然成绩很好，但是不讨人喜欢，因为他总是面无表情。忧郁的表情会让人觉得厌烦，脸上带着灿烂的笑容则会让人心情愉快，这被称为情绪感染(emotional contagion)。因此，商场上的生意人更应该注意自己的表情和仪态。中国人就有不能跟不苟言笑的人做生意的说法。笑容可以使对方放下武器，因为它传达了“我喜欢你，很高兴见到你”这样的信息。

领导也要有眼色

高层管理人员当中有很多人过分自负。因为总是有手下的人捧着、奉承着、附和着，所以就自以为非常了不起。这样的人往往不管听众爱听不爱听，总是陶醉在自己的长篇大论中。演讲起来滔滔不绝，不断拖延时间，那架势好像在说“你们上哪儿去听这么好的演讲啊，演讲的时间限制没什么重要的”——也不看看，台下的人一个个都在打哈欠、敲锣打鼓都叫不醒了，真是很没有眼色。有魅力的人应该能轻易猜透他人的需求，并与对方形成共识；应该了解自己在对方眼中的印象，并根据这一点调整自己的行为。

领导必须充满热情、精力充沛，能给其他人以力量

GE 规定了其领导层能力的四大要素：热情(energy)、活力（energize）、果断（edge）、执行力(execute)。有的领导一进来就能照亮整个办公室，他鼓励大家，开玩笑，带给人活力；有的领导一进来，整个办公室的气氛都黯淡下来，他让人失去干劲儿、感到疲倦，大家要等他下班以后才能缓过劲儿来。要想充满活力，首先要喜欢自己所做的事情，喜欢与自己一起共事的人。但消极的领导会让周围变得黑暗，周边的人不得不花很多精力去随时关注他、猜测他下一步可能会有什么反应。跟他在一起的时候会被他的消极传染而变得颓废，总是感到疲倦。

领导也要适当地粗心大意一点

领导也要适当地“马虎”一些，这样周围的人才能正常呼吸。有个成语叫韬光养晦，是说要适当收敛光芒，意思是不要表现得太过聪明，适当隐藏自己的才能是一种智慧。“用针扎也不出一滴血”（从不犯错，似乎没有缺点）的人是没有什么魅力的，在这样的人面前人们会觉得无法正常呼吸，会觉得他是伪善的、没有什么人情味儿。想成为有吸引力的人，就必须有适当的弱点。适当的弱点和错误反倒会使你更有魅力。当人们看到“能人”出纰漏的时候都会欢呼雀跃，这也是为什么很多清谈节目会请一些知名人士或者明星谈自己的缺点。摆出了缺点，人们会觉得他很坦率很真诚，自然会放下警惕心、打开心门接纳他。有时候，人太过圆滑反而不如稍微有点棱角更有利。

人才流失是造成好的公司没落的一个很重要

的原因。像左右臂膀一样重要的手下员工如果跳槽到竞争对手的单位去，无疑等于公司少了一个顶梁柱。这时候社长可能会感叹说“这个世界上没有人值得信任”。但是，这种思考方式是不对的。该走的总是会走的，而且相信不该信任的人本身也是自己的责任。恋爱当中被抛弃的一方应该比抛弃的一方负更大的责任，因为肯定是他的魅力不够才会被抛弃的。持续研究他人、提高并保持自己的魅力、为了打动他人的心而不断努力是生存过程中所必需的。得人心者得天下，这就是经营的精髓。

心得分享

心得分享

社长，我们社长

- 上司也需要鼓励和管理
- 下属也是客户，对他们的核心服务就是“别把下属当出气筒”

把握上司

把握你的上司，

在职场上自始至终要坚持这个原则。

!

“我对对方感兴趣，对方也对我感兴趣”，这样相互的兴趣是建立人际关系的基本原则之一。反过来说，“如果我讨厌对方，对方也会讨厌我”同样也成立。对对方有兴趣，就会慢慢了解他、理解他，这些积累到一定程度就会产生感情和信

任。信任是维持良好的人际关系的基本条件。反过来说，如果对对方漠不关心，就不想了解他，不了解的话就容易彼此产生误会，为了防止误会，就会尽量避免打交道。结果就是，我对对方漠不关心，对方就会对我漠不关心。

为了和上司保持良好的关系，对上司的了解是非常重要的，“知己知彼，百战不殆”。我们经常为了了解敌人而费尽心思，为了了解客户而不懈努力，为了把握竞争对手的情况而不惜付出各种代价，但对上司却是另一种态度。有的人故意假装对上司漠不关心，误以为这样可以表现出自己的清高；也有的人虽然知道了解上司的重要性，行动上却做不到。

把握你的上司，在职场上自始至终要坚持这个原则。

有的上司更重视形式而非内容

对这样的上司就要在形式上多下工夫：要确

认文件是否干净整洁，是否有错别字，是否放到了文件夹里，事先是否与秘书确认好了会谈时间，等等。在这样的上司面前最好保持谦恭，没必要抱怨说“内容才是最重要的，形式有什么关系啊”。说实话，注重形式也并非什么难事。

有的上司更重视内容而非形式，把重点放在审查内容是否有实际价值

这样的上司经常会这样问：“商业价值是什么？”对这样的上司，只需向他说明“赚钱是肯定能赚钱的，短期之内虽然不能赚什么钱，但长期来看肯定是可以赚钱的”这个事实就万事大吉了。没必要抱怨说“我们领导只知道看能不能赚钱，这叫我怎么做事啊”。

有的上司最关注客户满意度或节约成本

所以你更需要关心的是自己的上司对这些

事的看法。如果他注重的是节约成本，那么主要从节约成本的角度去解释说明即可。比如在讨论员工培训的必要性时，就可以说“培养员工的主人翁意识是节约成本的第一步，也是最重要的一步”，这样一来事情就水到渠成了。

实际上，要了解上司并非易事，因为人是不会轻易表露自己的本性的。为了了解一个人，可以从多个角度细心观察他，但最重要的还是要对对方感兴趣，并且多多提问。比如，可以尝试从轻松的问题入手，循序渐进；也可以尝试问对方想回答的问题，比如询问他的成功经验，效果通常会很好。譬如，“听说您的成功挺传奇的，能不能请您仔细跟我介绍一下”，或者“您觉得什么时候最有成就感”之类的问题就很好。

信息的特点是必须有兴趣才能得到。像要搬家的时候关心房地产信息那样去关心你的上司，你就能够获得有关上司的信息，最准确地把握自己的上司。

管理你的上司

管理上司最重要的一点就是千万不要试图改变上司。

!

某大企业的柳常务毕业于一流的大学，一路发展顺利，有一天当他接到暂时停职的命令时，非常吃惊。聪慧过人的柳常务在美国取得了工学博士学位，进公司后深得老板的信任和器重，一路走过来可以说是一帆风顺。公司早就把他当成

下一任社长的人选，安排他轮职于各种岗位之间，人人都认为他前途无量。他这样的人竟然接到暂时停职的命令，完全是因为他说了一些有关现任社长的不必要的闲话，传到了社长的耳朵里。事情的经过如下：

现任社长是公司经营方面的专家，负责公司经营已久。可前不久老板却有一位朋友作为董事来到了公司。看起来下一任社长非老板的年轻朋友莫属，而他替代老社长只是时间早晚的问题。柳常务在喝酒的时候对同事泄露了天机："我们社长已经到头了，反正要退，还不如早点退了好，免得属下的人既要看老社长的脸色，又要看新社长的脸色。"柳常务的这一番话传到了社长的耳朵里，结果他自己不得不离开了公司。

有的人总是对上司满腹怨言。"他怎么这样啊？这也算是经营吗？这么做还不如不做呢，换成我肯定做得更好。"像这样批评上司的人，一旦做了上司真的能做得更好吗？不是的。很有可能是半斤八两甚至还不如人家。不对，应该说，像这样的人根本没有机会晋升到那样的位置，所以根本没有机会检验他的能力是否超过现在的上司。领导的义务是管理下属，下属的义务则是管理领导。领导也是人，所以不可能是十全十美的。下属的义务是补充领导不足的地方，以保证领导可以顺利地完成经营任务。下属置自己的义务于不顾而埋怨、诽谤自己的上司，就等于是完全放弃了管理上司的义务。

离职的人有 80% 是因为与领导有矛盾。即使没有到辞职的程度，现在也肯定有很多人因为与上司的关系不和谐而感到苦恼。很多人对公司、对所做的工作都很满意，但就因为要跟不喜欢的上司一起工作而苦恼。遇到满意的下属很不容易，遇到满意的上司更是难上加难。但是，在不喜欢的上司手下工作、并且做出成果，是每个职场人士的宿命。必须要明确的是，就像下属、同事、客户都需要管理一样，领导也需要满怀兴趣与感情地去认真管理、经营。那么，领导是什么样的存在，和自己的关系是怎样的，应该如何管理呢?

所有人际关系的出发点是“要把人当成独立的人格体来对待”。审视自己是否受到尊重是人的本能，因此，如果不能满足这一点，就不能维持良好的关系。在与上司的关系中，这些也是根本之本。

有的下属故意慢慢腾腾地对待性子很急的上司。明知道上司性子急、讨厌等待，还故意跟他对着干。比如，超过规定期限才提交报告，好像是说“急的是你，又不是我”；开会经常迟到、聚餐的时候很晚才到，惹上司生气，被责备的时候还狡辩说“迟到是很正常的嘛，干吗因为这点小事生气”。

也有跟习惯尽可能在上班时间完成所有的事务、按时下班的上司对着干的人。快下班的时候组织会议请求上司出席，上司都已经在换衣服准备回家了，却要求他审批文件或者向他报告很复杂的事情。有的人上班时间死气沉沉，快下班的时候却开始活跃起来。也有的人明知上司喜欢简单明了，说话的时候却故意长篇大论、绕着弯儿说话，还向上司提交冗长的报告。

有两个下属都很受新来的社长器重。客观来说，乙的能力比甲要强一些，但是过了一段时间上司开始偏爱甲，甲得以晋升。原来，造成这种差异的原因仅仅是由于他们写报告的方式不同。新社长年纪比较大，不喜欢小字体。乙写报告的时候习惯用蚂蚁一样小的字体，而甲则迎合了新社长的需求，用比较大的字体、简单整理要点，这样一来虽然报告不够详细，但是得到了新社长的偏爱，在竞争中获胜。

管理上司时最重要的原则是不要试图改变上司。有人试图改变自己的配偶，最终成功了吗？有人试图改变自己的子女，成功了吗？人际关系的原则之一就是要接受并认可现在的对方。连改变比自己弱的人都是不可能的，试图改变比自己强大的上司，不是等于以卵击石嘛。了解上司是怎样的人，认可他，去适应他，令上司可以发挥他的优点，补充上司的不足之处，这是管理上司的第一步。

鼓励上司

上司和你一样是人，你不喜欢的上司也不会喜欢，
你喜欢的事情上司也会喜欢。

!

那是在某大企业任职期间，快到中秋节了，我想向下属表达一下自己的心意，感谢他们一直以来的辛勤工作。因为给所有的人送礼有点不太现实，于是我就向所有课长级以上的人送了“点心”礼盒。我自己掏的腰包，因为用公费显得没

有诚意。我把事情交代给秘书，接着就去国外出差了。坐在飞机上，想到下属们收到礼物开心的样子，我心里也暗暗高兴。出差回来，我暗自期待大家来对我的礼物表示感谢。但是除了朴部长，没有一个人提到礼物的事情。应该不是礼物没有送到，这是怎么回事呢？于是，我向比较亲近的一个课长询问他收到礼物没有。他说："哎呀，差点儿给忘记了！点心很好吃，谢谢您！"这算什么嘛，好像是我逼着人家说感谢一样。虽说我送礼的目的不是为了让大家感谢我，但是大家都没有什么反应，我心里还是觉得挺不是滋味儿的。

上司和你一样都是人

你觉得不是滋味儿的事情，上司也一样会觉得不是滋味儿；你喜欢的事情，上司也一样喜欢。所以，哪怕是一点小事，也要懂得感谢，包括上司请吃饭、给你升职的机会、节日的时候送礼物，对你的辛勤工作表示肯定的一句话，甚至一张肯定的便签留言。因为这些并不是上司的义务，也不是下属一定该享受的权利。

我们对上司是有偏见的

其他人对我们好的时候，我们懂得感谢，但是上司对我们好的时候，我们却觉得那是理所当然的，怀有类似“想让我这样有能力的人为你做事，这点儿表示是理所当然的吧”的想法。也许正是因为这样，很多人对上司的好意都不知言谢——上司提拔自己升职觉得是理所当然的，上司请吃饭也觉得是上司应尽的义务。甚至有人会觉得，你是用公费请吃饭的，有什么值得感谢的，反倒是上司你应该对我腾出时间来参加聚餐表示感谢。

我们对上司有太多期待和误解

认为“领导总是很关注我，为我的未来着想，总是肯为我的事情腾出时间来”，你会有这样的想法，上司也是一样的。他最关注的人也是他自己，自己的业务、沉重的目标、升职、未来、家庭等各种事情已经够让他头疼的了。成天忙自己的事情都忙不过来，他哪有时间为别人操心呢？

人际关系的基础是“授和受”

只付出没有回报的事情不会长久，只接受而不付出的关系也不是健康的人际关系。上司和下属的关系也摆脱不了这个基本规律——有值得感谢的事情就要表示感谢，有让人难受的事情也会难受。但就因为他们是上司，所以有时候会受到“歧视”，给了别人好处却连一句感谢的话也听不到。

我们觉得是理所当然的很多事情其实并非理所当然，然而，往往是在这个想法消失的时候我们才能意识到这一点。一份好工作，对你总是很亲切、偶尔请你吃饭、时不时称赞你鼓励你的上司，其实都不是理所当然应当得到的。应该学会对那些小的恩惠心存感激、并且适当地表达自己的感激之情，这才是有来有往的人际关系。人都渴望被认可，不仅你，你的上司也是如此。

试着告诉他："谢谢您昨天请我吃晚饭。能和您一起工作我感到非常荣幸和幸运。如果将来我能够当领导的话，我也要当像您一样的领导。"如此一来，你工作的氛围一定会大大得到改善的。

取得信任以后再发言

即使是在取得了上司的信任以后，

对上司的 Feedback 也要时刻小心。

!

某韩国 KOSDAQ 上市公司的金社长在切实感受到管理的重要性后，特意从某大企业聘请了一位朴常务来自己的公司。这位朴常务非常喜欢批判，来了以后不管三七二十一就拿现在的公司和原来公司进行比较，把现在的公司批评得一无

是处：上下班时间太随便了；员工都很没有教养；经营没有计划、完全是随意的，靠即兴发挥；社长一人独揽大权……虽说社长是为了找到公司经营方面的缺点和漏洞才聘请他来的，可是他一来就一味地批判，这让很多人开始排挤他，最后连社长也对他敬而远之。因为他对公司没有任何贡献，只知道批判。

在美国获得了博士学位的崔博士被猎头挖到了某大企业的研究所。他学的是与分析相关的专业，专业本身比较偏重理论而非应用。他所到的这个研究所虽然名为研究所，实际上所做的是和实际业务相关的开发工作。大部分研究员成天忙于解决投诉 、说服客户、改善实际商品的质量、设计下一代商品等日常事务。但是崔博士很坚持自己的专业性——“让我去负责这些日常琐事是一种浪费，我只做纯粹的研究工作。公司如果想让我的专业技能发挥作用，就必须购买价值几亿韩元的设备，买了设备我才能好好地工作……”从公司的立场来看，要购买高价设备，就必须证明其价值和生产力，然而，崔博士只顾着一味坚持自己的立场，慢慢地，公司领导层对他的意见越来越大。

韩非在《韩非子》中曾经说过关于如何说服上司的方法。其中很重要的一点就是“要在取得信任以后发言”。新进来的人当然很容易看到组织的缺点，但以全新的视角审视并改善现状也是新人应该做的事。即使是彼此相爱的人，刚结婚的时候也会相互不适应，跟对上司也是如此，对于新上司当然会觉得不适应、不喜欢，也容易看到他身上的很多不足之处。况且，所有的人都是缺点比优点更容易显露出来。

但是在指出其缺点之前，必须先取得上司的信任。这样一来上司就会想：上次他令销售额增加了不少，应该值得信任，我不妨也听听他对这件事的想法。

即使是在取得了上司的信任以后，对上司的Feedback也要时刻小心。因为指出组织所存在的问题、对上司进行反馈，总是很危险、让人有负担的事情。这就像往猫的脖子上挂铃铛一样让人为难。有的人喜欢在上司面前直言不讳，但是在现实中，要指出上司的不足，甚至揭露其深层的用心，还是要三思而后行。当一个总统被一个初级检察官指出缺点的时候，他会怎么想呢？他会对自己的缺点进行深刻的反省并改正吗？似乎不会。他只会觉得那个初级检察官可恨。因此，对上司进行Feedback是需要智慧的。

春秋战国时期，齐国的宰相晏婴的故事对于理解这一点会有所帮助。晏婴是齐国的宰相，他的上司就是齐景公。有一天齐景公出去打猎，因为属下的失误，快要到手的猎物跑了，齐景公非常生气，要处死属下。身边的官员们都诚惶诚恐，问晏婴该怎么办，晏婴说："他当然该死，因为他犯了两条罪。第一条是玩忽职守，让猎物跑掉了；第二条是因为一个小小的猎物，把国王变成了一个杀人的昏君。"听到这句话，齐景公该作何感想呢？晏婴之所以敢这样说，是因为他已经得到了齐景公的充分信任。有时候绕着弯儿说话比直接说要明智，这叫作迂直之计，意思是说有时候迂回曲折的方法可能会比直接的方法能更快更好地达到目的。

为了有效地进行 Feedback，获取信任后再发言、适当地运用智慧，是管理上司的最重要经验。

逆鳞之祸

上司也是人，也有自己的弱点，
也不希望被揭短。

！

有的人和上司的关系就是很别扭。有的人把嘲笑上司、找到上司的缺点然后加以指责作为生存的乐趣；有的人把自己跟上司关系不和的事情引以为豪，误认为这是自己有能力的标志；有的人从不从公司的立场看待问题，总是从员工的角度看待问题，把为员工辩护当成自己的使命。由于这样的理由，他总是和上司站在对立面，并且认为这是正义的表现。其实这一切都是错觉。对上司评价过高问题不大，因为那顶多带来小小的失望；但是对上司评价过低确实很危险，因为说不定他会用什么样的方法报复你。彼得·费迪南德·德鲁克（Peter Ferdinand Drucker）曾经说过，组织的特点决定了上司掌握着人事权，嘲笑上司、有点小问题就咬着不放、感情用事是很危险的，只会对你自己不利。因为世界上没有一个上司会喜欢、信任嘲笑自己的下属。

洪部长是一家有名的公司的参谋。表面上社长拥有决策权，但实际上洪部长的意见似乎对各种决策更有影响力。他认为自己所做的事情是身在暗处而指向明处，也就是说他怀着很强的使命感在做别人都不愿意做的事情，对公司所有的决策都置公司的立场于不顾，而从员工的角度进行判断。他的主要工作就是看看员工们是否有不满之处，公司决策是否会对员工造成不利影响，分析这些决策的本质后再向员工进行讲解，如果员工觉得不满意，他就跑去找上司进行协商。虽然他的本职工作是经营，实际上他却把大部分时间都花在这类事情上面。所以，员工们只要有什么困难就去找他商量。每件事情他都去争取、理论，如此一来，上司们当然对他心存不满。他约上司面谈的时候，上司虽然不好拒绝所以勉强见面，但因为彼此是站在完全对立的立场上，所以总是不能达成很好的协议。他本人也因此受到了影响——一直无法晋升、得不到很好的待遇，可以说也是在勉强坚持着。

人都有自卑的地方，上司也一样。在一般的人际关系中，大家都有意努力避开对方自卑的地方，这是常识。但是，就有一些人故意揭人家的短只图一时的快感。上司在为子女成绩不好而犯愁时，有的人却找机会在上司面前炫耀自己的儿女学习很好；上司在为掉头发而烦恼，有的人却说“我们家的人都不掉头发，头发也不白，我父亲都八十岁了，头发还跟年轻人一样乌黑浓密”。这么说等于在上司的伤口撒盐。上司因为自己离过婚而挺惭愧的，有的人却说“家庭失败的人，就不应该给他机会升职”，这无异于往人家的伤口上撒盐。揭人短的行为是危险而卑鄙的行为。揭上司的短的人，很难说会招来什么样的祸害，这叫逆鳞之祸。

对于上司信任你、向你坦白的事情，必须保持沉默。上司是因为信任你才告诉你，如果你把事情告诉了其他人，当然会令上司很失望。也不要试图去直接挑明上司的难言之隐。上司也是人，他也有自己的难言之隐，没有人喜欢别人用镊子揭开自己的伤疤。所以，有时候即使知道了某些事情，也应该睁一只眼闭一只眼让它过去。

要想取得上司的信任，最重要的就是要时刻整装待发。不要只是关注上司的短处、失误，而应该把精力放在上司随时都可能提问的问题上，例如：竞争对手如何，有没有什么数据证明，上一年的业绩如何，你怎么理解对方和我们的竞争……这些才是管理上司的核心。细心准备好这些问题，随时满足上司的需求，而不要去碰上司的软肋，因为上司也是凡人。

个人魅力和领导力

个人魅力可能会歪曲事实

——传达正面的信息、过滤负面的信息。

!

某成功企业 Humax 的卞大圭社长外表看起来和魅力、强势根本搭不上边儿；相反的，他看起来很安静，有点儿消极。他说，公司初创期，他因此颇为烦恼：“我这样没有魅力的人真的能成为好领导吗？为了成为好领导我是不是应该改变一

下自己的性格？”后来他才意识到，个人魅力有时候其实反倒会成为经营的绊脚石。对此我印象很深刻。

“强大的个人魅力可能会带来负面影响，因为其他人在跟你沟通的时候很有可能不由自主地将冷酷的、负面的信息过滤掉。而负面信息理应被原原本本地传达。”这是吉姆·柯林斯（Jim Collins）在《从优秀到卓越》（*Good to Great*）一书中的观点。

个人魅力可能会歪曲事实——传达正面的信息、过滤负面的信息。这是个人魅力的危险所在。任何企业都不可能在一夜之间倒掉，即使从第三者的角度来看好像非常突然的事情，实际上却是很久以前就出现的征兆被人们忽略的结果，是不去直面现实、想尽办法逃避的结果。因此我们要看清现实，不管是积极的还是消极的信息，都要以开放的心态去接受。真正高明的领导应该是营造一个人人可以说实话，所有信息可以顺畅传达的氛围的高手。其关键在于让公司变成充满真实信息的地方，在这里，开会时的氛围起着决定性的作用。

首先，营造一个人人可以打开心门的氛围

一般人进到会议室就会紧张。在氛围比较具有攻击性、批判性的公司里，人们通常都是怀着接受批判的心态进入会议室的。这样的状态不利于讨论问题。因为每个人都不说实话，而是把心思放在现在的讨论对自己有什么影响、讨论这个问题的深层用意是什么上。所以，打开人的心门很重要。正式开会之前适当说说个人的事情，来点小幽默等都是非常有必要的。最重要的是会议主持人要给人以亲切的感觉。照镜子看看吧，看看镜子里的自己看起来是否可以打开他人的心门。

其次，提出好的问题

一般人都认为会议就是由职位高的人讲话，职位低的人安静地倾听、认真记笔记。国务会议就是个典型。也许这种形式有利于单方面的传达指示，但这无疑是最差的会议形式。为了发掘人们的深层智慧，有必要在适当的时候提出很好的问题。

其实，提问不单可以在公务场合进行，只要有机会，完全可以不需要台词、议题、讨论的细则而随时提问。领导还可以通过这样的方式巩固自己的位置。“你最近在想什么呢，能跟我说说吗？你能帮我解释得更清楚一些吗？有什么是值得我们担心的？”试着提出这些问题吧。很多人其实都很有想法，时刻准备着为公司做贡献，问题只在于领导会不会灵活运用这一切。

会提问的话，可以在几方面有所收获：可以

汇集员工们的智慧、激发员工们的自豪感，如此一来，你作为领导也会受到他们的尊重。员工们看到成天自言自语的上司会怎么想呢？他们会觉得："你真了不起，这么了不起，还开什么会啊？自己一个人决定，然后去执行不就行了吗？"这样一来，他们的心门就会慢慢关闭，陷入沉默。有句罗马俗语我们必须牢记："要小心不叫的狗，当心无声的溪水。"

最后，善于掌控节奏

混乱和吵闹是变化的第一步，出现新事情、新挑战的时候不可能悄无声息，肯定会有人反对，有人提出危险性。好的公司应该会有热烈的争论和讨论的氛围，争论是有益的。单方面自上而下的决定是没有力量的，但是在此过程中，如果能够调动员工一起来参与讨论，这个决策将会获得无比巨大的力量。适当的混乱是变化的必需条件，只是，为了将混乱转化为力量，必须要有一定的秩序和框架，也就是需要进行适当的整理。如果能够掌控节奏，企业就能通过此过程成长、变得更加健康。

让属下职员舒服度日的上司是最不好的上司，和这样的上司一起工作，只会虚度光阴，没有任何进步。

朴常务是出了名难伺候的上司，要让他同意某个决策是最难的。他从来不轻易同意提案，总是打破砂锅问到底。这个项目的目的是什么，没有什么风险吗，有没有想过其他的方法？在这方面竞争对手是如何做的，在海外的动向如何？如何看到项目的直接效果，什么时候能看到结果？推进这个项目是否能得到其他部门的支持呢？有没有想过假想敌或者反抗势力可能是谁，如何应对？

这么一细抠，你会发现很多准备不够充分的

地方。他会一直提问，直到自己完全理解、被说服，因此，在给朴常务汇报之前，必须进行全面的准备。因为自己的挑剔他也树了不少宿敌，但同时也拥有了很多热情的追随者。

喜欢他的下属这么说："我也是听了传言，所以在汇报之前做了非常多的准备工作。我自己试着反复对自己的项目进行质疑、提问、准备好各种相应的对策，直到自己完全理解、消化为止。正因为这样，我在汇报的时候才能够抵挡住他强大的提问攻势，成功通过决策。这样反复几次，他后来对我的报告都不仔细看，直接就让通过了。其实他就是有自己的一套评价标准，达到了这个标准之前挑剔而已，达到标准以后，他就会很信任下属。他是很有逻辑性、很讲道理的人。作为上司，在下属没有受到检验、通过检验之前为其从头到尾进行分辨、梳理不是理所当然的吗？我认为，这样可以明确项目的目的，最大限度地控制风险，这是上司的权利和义务，而朴常务正是实践这种权利和义务的杰出代表。从这个角度来说他是非常出色的上司。我认为批评挑剔、严格的上司是不对的。”

不久前去世的高丽大学的金仁修教授是非常优秀而受人尊敬的一位教授。他的弟子说：“金教授是出了名的挑剔，尤其是对自己的研究生和博士弟子。在金教授的字典里根本没有‘大概，差不多’这样的词。有的学生在他的门下读博士课程读了十年之久。有人觉得这个学生很可怜，就替他打抱不平，金教授说‘我的职责是给学生树立一个高的标准和目标，能否达到这个目标就是学生的职责了。如果没有达到目标我却让他毕业，这是我自己的不幸，也是学生自己的不幸、更是接收他的公司的不幸，我不想看到我门下的弟子出师以后被认为没有实力。我追求的是完美’。”

让属下职员舒服度日的上司是最不好的上司，

在这样的上司手下，即使不努力，也能够苟且度日。你可能会觉得很轻松很舒服，但是和这样的上司一起工作，只会虚度光阴，没有任何进步。与此相比，虽然短时间内会让你日子不好过，但是通过磨炼可以让你学到很多东西的上司才是更好的上司。朴常务和金教授就是后者的典型。

把下属当出气筒的上司

广义上来说，下属其实也是自己的客户，

因此对下属提供服务的核心就是不要把下属当出气筒。

!

通过批判属下释放工作中的压力，这可以说是会完全失去属下信任的自杀行为。

下面这个故事是从工作没几年的女员工那里听说的：

“我男朋友有一个他非常尊敬的上司，为什么非常尊敬他呢，因为他从来不乱发脾气。其实大家都知道，工作中的压力是很大的，人总是会处于很烦躁的状态。所以，有的上司看到属下提交上来的报告，会本能地抓住其中一个很小的错误小题大做：“这也叫报告吗？就不能做好一点吗？啊？啊？”但是这位上司从来不会这样向属下发脾气；与此相反，他会帮着修改错误的地方，耐心地向下属解释怎样做才是正确的。

就因为这样小小的细节，这位领导可以说是集下属的万千宠爱于一身。虽然他并不经常请大家吃饭、喝酒，也不是一个很幽默的人，但他即使是在自己很烦躁的状态下，也从不拿下属当出气筒，对下属谆谆教诲，可以说是伟大领导的典范。

而我自己的遭遇则完全相反。

我的上司能力很强，而且也经常请大家吃饭，他是一个很开朗的人。开始的时候我甚至想把他当成自己的偶像。(您就别猜他是谁了，呵呵。)

但他是一个情绪起伏很大的人，动不动就向下属发火。如果他因为别的事情在生气，而我又正巧犯了一个小小的错误，那肯定会成为他的出气筒。这样的事情反复了几次，我就觉得心寒了。因为他是心情起伏很大的人，所以火气来得快，去得也快。他一平静下来就又马上请吃饭，开会的时候出乎意料地称赞你。但是这样的补偿可以说是亡羊补牢，我一点也不觉得感激。虽然说不上记仇，但是对他的尊敬之情确实消失得无影无踪。有时候甚至觉得他这样做是‘打个耳光再给个枣儿吃’。”

因为自己心情不好就向下属发火，即使之后提供多好的附加服务，也已经失去了下属的信任。

广义上来说，下属其实也是自己的客户，因此对下属提供服务的核心就是不要把下属当出气筒。这不是请吃饭、请喝酒(这类服务有的时候客户会觉得挺好，没有也不会觉得有什么大的不满）可以挽回的。

无论如何，下属与上司相比都是弱者。

追随力很重要（1）

不懂得追随别人的人也不可能成为好领导。

!

在美国留学的时候我开的是1979年的庞蒂亚克（Pontiac）。那辆车年代已久，从一开始发动机就漏油，所以用的发动机油都赶上机油多了。我的后备箱总是放着一桶发动机油备用。引擎罩一打开就能看到脏兮兮的发动机油漏得到处都是，

我对这些都习以为常了。因为这是我的第一辆车，所以我以为所有的车都是这样的。我认识的其他开美国车的朋友也有发动机漏油的烦恼，这种现象很普遍。但是日产车就不一样，发动机周围非常干净，也绝对不会漏油。这是因为日本的客户很挑剔，绝对不容忍这样的事情发生。而美国车有发动机漏油的问题，则是因为美国的客户要求比较宽松。宽松的客户会使商品质量下降，而挑剔的客户则成就名牌。

关于领导力的讨论我们已经听得耳朵起茧了——领导应该怎么做，领导的职责是什么，员工讨厌什么样的上司……但是，我们很少去了解、关心员工的职责，其实领导力很重要的一环就是追随力（Followership）。

我觉得韩国在很长一段时间都缺乏真正的领导力（Leadership），我们总在等待不知何时会现身的“救世主”。但是，真的有领导出现了，我们却对他们表现出无比强烈的失望和愤怒，又继续等待下一个领导，就这样反反复复——究竟能拯救我们于水深火热之中的领导都躲到哪里去了？为什么我们就是遇不上满意的领导呢，是我们眼光不好没有选对人呢，还是好的人才根本就不愿意现身呢？

一般来说，领导的水平和属下的水平是基本相符的。如果我们自己的水平够高，水平太低的人就不可能成为我们的领导，即使他做了领导，也不可能长久。实际上，让很差劲的人堂堂正正地坐上领导位置的正是我们自己，因为我们的鉴别能力有限。而这样的领导能够持续待在领导岗位上也是我们的失误。

追随力和领导力一样重要。强将下面无弱兵，反过来，好的下属也能够成就出色的领导。

“不懂得追随别人的人也不可能成为好领导”，亚里士多德（Aristotle）如是说。

美国空军士官学校教授、领导力讲师理查德·休斯（Richard Hughes）说：“领导力就是利用在某个组织中的影响力，促成这个组织团结一致实现某项目标的过程。领导力是组织里的所有成员所共享的，而不是在特定位置的某个个人所独有的。追随力也是领导力的重要组成部分。”

“在棒球比赛中，不管投手多么出色，没有好的捕手配合，也是没有用的。”赫曼·米勒（Herman Miller）家具集团的马克斯·德普瑞（Max Depree）这样说过。

领导管理不善就会被遗弃。下属也是一样。即使是再好的下属，如果不去管理上司、置上司于不顾，都会变得无所事事。如果没有很好的追随力，下属就不能充分发挥自己的力量。管理上司，要在批评上司之前先审视一下自己。然后回答以下几个问题：我的追随力做到位了吗？我对自己所负责的工作足够认真吗，责任心够强吗？

领导有困难的时候我及时给予鼓励、觉得他做的不对的时候我诚实、态度恭敬地告诉他了吗？好的追随力究竟是怎样的？为了拥有好的追随力我需要做些什么呢？

追随力很重要（2）

没有毛泽东，中国的革命之火就不可能燎原。
但是如果没有周恩来，这场火焰就会成为一场灾难。
——理查德·米尔豪斯·尼克松

!

没有人跟随的领导不能称之为领导；自己一个人又敲锣又打鼓的人也不是领导。成为领导的前提是必须有人跟随，强大的领导周围肯定有强大的追随者。跟随者可以分为几类：

比尔·盖茨正是因为有史蒂芬·安东尼·鲍尔默（Steven Anthony Ballmer）的帮助才能建立微软（Microsoft）这样伟大的公司。鲍尔默是公司最早的员工，他不仅是一个程序员，也负责过从人事到收购合并等各种事情。他在选拔人才和制订战略方面显示出了非凡的才华。他担负过公司发展过程中很多艰难的重任，可以说充当过“脚夫”的角色。比尔·盖茨称鲍尔默为自己的“分身”。

美国总统杜鲁门也是如此。杜鲁门本来性格变化无常，没有什么人气。但他因为有了乔治·卡特利特·马歇尔（George Catlett Marshall）的辅佐成为被人称颂的好总统。马歇尔被称为历史上最伟大的美国人，他是世界上第一个获得诺贝尔和平奖的军人。通过他退休后所写的回忆录，我们可以了解到，他是一个多么安静而伟大的辅佐之臣：

“偶尔会碰到一些人说他们没有自己所尊敬的人。我个人觉得这些人是不幸的。因为遇不到自己尊敬的人，他们自己也很难成为受人尊敬的人。那么，他们到底是真的没有遇到令人尊敬的人呢，还是虽然遇到了但是自己没有发现呢？很可能是后者。他们很可能是因为没有打开心门，所以才不能发现别人的优点。为了领导别人，就要先学会追随别人。好的领导是能发现好的追随者（follower）的人。好的追随者就是能够辨别好的领导，帮助他成就事业的人。出色的领导遇到好的追随者，就能创造出好的作品，并使其成为胜利的果实。没有好的追随者，即使是再出色的领导，也不能充分发挥他的力量。”

有的领导思维是“发散型”的。他总是不断地萌发出各种奇思妙想，可同时他又不善于掌控局面，也不善于做收尾工作。因此，他的下属应该是典型的“收敛型”员工，虽然没有什么想象力，但是善于掌控和收尾。这样的搭配简直是绝配，必定能成就很多事情。但如果他们互相刁难的话，会有怎样的结果呢？难以想象。

每当看到因为性格不合而离婚的夫妇，我都会这样想：人与人之间的性格存在差异不是理所当然的吗？实际上他们离婚并不是因为性格不一样，而是因为他们不能够接受、认可彼此性格不同的事实。这样的人，重新找一个人结婚，就能成就美满的婚姻吗？未必啊。学习认可彼此性格上存在的差异应该是结婚前的事情，彼此要求同存异，也就是“追求相同的目标，但同时尊重彼此的不同”，这也是领导和追随者之间理想的相处之道。只有这样，才能一起取得胜利，变得更加强大。不要排斥不同之处形成对立，应该努力寻找并共享彼此的相似之处、尊重彼此的不同之处。

芝加哥小熊队（Chicago cubs）的前任东家菲利普·惠利（Philip Wrigley）说过：“如果一起

共事的两个人的意见总是一致的话，那说明其中一个人是没必要的。”就是说，如果领导和追随者的准则是一样的，那么，两人就没必要一起合作。

如果上司和你的意见不一样，那么不要去责怪他，努力去理解、完善他的想法，思考他真正需要的是什么，帮助他充分发挥领导力；并且经常思考一下自己在当前的状况下怎样才能做到最好。这就是追随力，追随者和被追随者双方总是互补的关系。

“没有毛泽东，中国的革命之火就不可能燎原。但是如果没有周恩来，这场火焰就会成为一场灾难。”尼克松总统如是说。

宽容的上司

好的上司应该把握每个人的特点，
使用最合适的方法去管理每个员工。

！

在媒体单位工作的车部长刚开始工作、做实习记者的那段时间，经常和上司发生矛盾。记者的工作性质决定了他应该被赋予一定的自主权，但他的上司却事必躬亲，导致效率低下：“这个和公司的方向不符，为什么这么写？措辞应该再委婉一些，为什么要这么做？我觉得最好还是不要做这件事情……”车部长当时其实很想挑战自我，做出一番事情来，但是上司成了他最大的绊脚石。他因此曾经有过几个月都不和那个上司说话，甚至见了面也不打招呼的经历。没想到上司并没有因此生气，而是由着他使小性子，甚至还开导他：“不要因为工作上的事情闹情绪了，别生气了，咱们好好相处吧，我这不都是为了你好吗？”每次提到新的项目，上司一开始总是反对，但只要车部长坚持下去，上司就会慢慢投降：“这件事你打算怎么做……那就不妨做做看吧。”

车部长回忆道：“刚开始工作的时候，我不知道感激我的上司，总觉得他很迂腐很沉闷，是我人生的绊脚石。但是随着年龄的增长，当我自己坐到和他一样的位置的时候，我才感觉到了他的优秀。其实我这个人性格挺乖僻的，再加上处在那样的权位主义主导的单位，况且记者本身就容易带有批判性、个性比较强，所以我就更变本加厉了。但是他不计较这些，宽容地接受了我。我觉得在那样一个权位主义主导的单位，他给了我很多保护。”

我做第一份工作时的上司也是一个很宽容的人。因为上大学期间没有好好学习，所以我几乎什么都不懂，但还是通过朋友介绍进入了那个研究所工作。我是一个就算被研究也会觉得浑身不自在的人，却进了研究所工作，这真是连猪听了都会笑。因此，我总是在遭受良心的谴责，我这样的人能干什么呢？上司要是知道我没有实力的话该怎么办？要是上司逼得太紧的话我该怎么办？就这样，我每天心乱如麻，心里七上八下。

上司好像完全了解我的心思。他耐心地指导我的工作，同时安慰我不要有太大的负担，刚开始工作，要多向周围的人学习，多看书，找找感觉；还说因为这里是研究所，所以工作上节奏不会太紧，反倒是比较需要有耐心。他应该是觉得新员工需要一定的时间熟悉业务，所以特意这样给我安排工作的。这样，我才有机会了解什么是研究工作，了解我自己是多么无知，了解怎样才能在研究工作上有所成就，了解如何开展团队工作（Team work）等等许多知识。后来我去留学很大程度上也是受了他的影响。

好的上司应该把握每个人的特点，使用最合适的方法去管理每个员工。当时我什么都不懂，所以更需要宽容的上司，而不是比较难缠、要求多的上司，而他正好满足了我当时的需求。

上司为什么重要

一般人辞职的首要原因就是因为上司。

和直属上司的关系是人们对工作是否满意的关键。

!

《财富》杂志以“受人尊敬的企业”的员工为对象所作的调查结果显示，优秀的人才愿意留在某个企业工作的第一条理由就是因为“上司贤明”。对这些企业的领导的满意度进行调查的结果还发现，他们对企业的满意度远远高于一般企业。

与此相反，韩国企业员工中对领导的满意度则远远低于这个水平。不久前的一次网络调研结果显示，被问及“如果你有人事权，首先会裁掉的人是谁”时，47% 的人都选择了“直属上司”。只有不到 4% 的人选择和上司讨论工作中的烦恼和不满。虽然这项调查不是正式调研公司的调查结果，但是深刻反映了目前企业的现状之糟糕。

遇到怎样的上司，真是我们人生中最重要的事情之一。原因有以下几点：

左右我们的幸福

人都有幸福的权利，人是为追求幸福而活着。努力学习、争取进入好的公司工作、赚很多的钱，其实都是为了追求幸福。幸福是什么？是什么决定人幸福与否呢？令人吃惊的是，很多时候左右我们幸福的不是别人，而是我们的上司。因为比起家人，我们和上司一起相处的时间更多，而且上司对我们的影响更大。上司心情好的时候，我们的日子也好过；相反的，如果某天上司心情不好，那么，那天办公室的气氛也会变得很诡异，我们的幸福当然也就打了水漂了。虽然我们不想承认这一点，但上司确实是左右我们幸福的人之一。而上司是自己无法选择的，自己不能选择上司，却要被上司左右，这让人很难受。上司是最大的压力来源，所以，上司才那么重要。

怨憎会苦

让我们高兴或者难过的都是身边的人。无能的政客虽然是人们日常的谈资，但他们并不能真正妨碍我们的生活。因为我们和他们没有直接的关系。但上司确实是离我们最近的人之一。佛教有云“爱别离苦”，所说的是人世的痛苦之一——“想见而不得见”的痛苦。听到这个词你会不会联想到“不想见而不得不见的痛苦”，也就是所谓的怨憎会苦？听到这个词我深有同感，拍案叫绝——对，说得太对了。上司偶尔去国外出差的时候，办公室平常如公墓一般沉闷的气氛消失得无影无踪，本来闹别扭的同事之间也变得一团和气，整个办公室完全是一派 Party 气氛。大家三三两两一起聊天，下班时间一到就一起走人，甚至一起聚餐庆祝。虽然嘴上不直接说，但是看得出来，只有这个时候大家才是真正喜欢来上班的。如果年假也和上司错开时间休的话，那这样的乐趣岂不是会加倍？但是随着上司回国的日子临近，办公室的气氛又开始变得紧张，让人感到无比压抑。“令人想念的上司”是绝对不存在的。

动机的弱点

上班族辞职的首要原因就是上司，不是对公司的期望的问题，也不是薪酬、办公环境等问题，而是和上司的关系。56% 的人是因为和上司的关系而失去了继续在原公司工作的意愿。与直属上司的关系是对工作满意度的关键。

说到差劲的上司，我们可以说上一天一夜。瞎指挥的上司，无视下属的意见、什么事情都独断专行的上司，因为鸡毛蒜皮的事情而大发雷霆的上司，喜怒无常的上司，对下属出言不逊、瞧不起下属的上司，只会给下属负担、而自己却毫无贡献的上司，在公开场合说出有损下属尊严的话的上司……差劲的上司各式各样，遇到一个满意的上司的可能性几乎为零。

哲学家叔本华（Schopenhauer）说过："不管遇到多么卑鄙无耻的事情，也不要因此而伤心或者苦闷，把它当成是'吃一堑长一智'，当成是对人的本性又多了一层了解。学习地质学家发现奇异矿物标本的态度，遇到奇怪的领导，就自我安慰说'这是我没有见过的一个标本'。"这话听起来非常有讽刺意味，不过真遇到奇怪的上司时，不妨想想这句话，肯定会对你有所帮助。

总有一天你也会成领导的

我有一个很难说话的朋友，他的性格非常消极和尖刻，外号“横冲直撞”，所以他和上司的矛盾非常尖锐。他的上司和其他懂道理、宽容的下属相处没有任何问题，只有他非常病态地讨厌自己的上司。大家一起聚餐的时候，他独自一个人靠在角落，不喝酒，也一言不发，把现场气氛搞得非常别扭。这时候上司问他：“十年后你想做什么呢？”这个朋友对上司的提问好像等待已久，他非常胸有成竹的回答道：“请不要担心，十年后我一定会比部长您现在更优秀的。”

但是他的职业生涯并不成功，更别提成为什么优秀的领导了。他无法接受在职场的失败，于是自己出来单干，但是一样没有什么建树，后来就销声匿迹了。现在，十年早已经过去了，他也早已和我们当时的一帮朋友失去了联系。所以说，批评上司是很容易的，但是想以此作为负面教材，成为优秀的领导却并非易事。

理清上司的想法

大多数上班族都希望能够遇到好的上司，以其为榜样，并与之保持良好的关系，共同为公司有所贡献。但上司不是我们能够选择的，大部分时候我们和上司的缘分都是命中注定的。能够遇上好上司的可能性比较小，我们能做的就是重新整理对上司的看法。想清楚上司对我们意味着什么，在上司手下该如何自处，我们能从上司身上学到什么，我们自己有可能成为怎样的上司……

我自己遇上过很多好上司，但是也遇到过最糟糕的上司。每当这个时候，我都暗下决心："不能逃避现实。不能让那样的人毁了我的人生。也许只要我能够在他的手下生存，那么我走到哪儿都能生存下去了。这是上帝对我的考验。”于是我不再对上司抱任何期望，决定不管上司怎么样，我都要顺着他的意思，直面、接受现实。如此一来，和他一起工作就不觉得那么辛苦了，甚至我发现他也有自己的优点。并且我还发现，每个领导能够到达现在的位置都是有自己的理由的。

抛弃上司的时候

遇到腐败的上司，最好尽早离开他。
否则你也会变得腐败。

！

有一个在大企业工作，而且平步青云、发展很好的朋友，突然打电话来告诉我他换工作了。这个朋友性格开朗，教育背景很好，人际关系也非常圆满，一直是“得道者多助”的典型。但是，之前每次跟他通电话问到工作上的事情，他都有意转换话题，所以我一直很好奇他工作的情况。听周围的人说，他在工作上很受认可，是公司下一代领导层的接班人之一，因此，听到他离职的消息，我非常吃惊。后来我们因为其他的事情见面了，没想到他看起来心情很好。我没有多问，倒是他自己开始说起自己的经历：

“其实我本来根本没有打算要换工作的。大学毕业我就进了这家公司，虽然不是连升三级，但是总体来说，我在公司还是受到了很多人的认可，所以我一直对自己的工作是比较满意的。但是，后来我们的领导换了，情况发生了改变。以前的领导在的时候，我只要专注于本职工作就可以了。但是新社长来了以后，周围就开始有传言，说新社长喜欢人奉承、送礼，如果照原来那样只专注于业务是没办法生存下去的。有个总监，去国外出差回来没有给社长送任何礼物，后来一直过得很辛苦；而另一个同事能够得宠，仅仅是因为他嘴甜得跟蜜一样。过了一段时间，发生了一件决定性的事件。我的直属上司业绩很好，但是却被调到了一个不重要的岗位，而他的岗位，则让给了某位阿谀奉承但是没什么实力的部长。听说这是因为那个部长用巨额资金贿赂了社长。且不管这条消息是否属实，腐败到这个程度，我在这个公司实在是没办法待下去了。”

经过那次事件，朋友经过深思熟虑，毅然离开了工作了二十年的公司。他前后考虑了大概有一年之久，那真是一段痛苦的日子。但是，一旦下定决心换工作，到了新的岗位以后，他不需要再把心思花在没用的地方，所以过得很舒服。

听着他的故事，我想起自己以前的经历。那时候，朴次长在公司是出了名的大方。他口袋里经常揣着十万元一张的支票，随时准备着用来收买上司和同事的心，更是经常请上司去高级酒馆，和他们建立了紧密的关系，有传言说他和几个高层领导关系非同一般。因此，上司或者同事都不敢轻易得罪他。我自己在经济上很拮据，特别好奇他一个工薪族怎么能够过得那么奢侈。心想也许是因为他夫人也工作，所以才那么宽裕吧。直到有一天传出他贪污公款、被公司辞退的消息，我才明白，心里暗想："原来如此，难怪他能那样花钱如流水呢。这样的人当然应该被解雇，公司处理得没错。"后来我离开了那个单位，再后来听说他又风光地复职了。我不了解内幕，但对此实在是无法理解，怎么能够让那样的人再回到公司呢？

和上司的矛盾，是所有职场一族切实关心的问题。我就认识很多对公司其他各方面都满意，但是因为跟上司不和而离职的人；也认识很多人，他们虽然觉得公司其他各方面都不怎么样，但是因为和上司关系很好，所以还是坚持留下来效忠。有调查统计显示，随着年龄的增加，与上司的人际关系在职场生活中的重要性会增加，人们换工作的最重要理由不是薪酬、不是工作环境，而是和上司的关系。所以，对所有职场一族来说，上司是谁这个问题是非常重要的。其重要性可能等同于自己有什么样的配偶。

我们都会自己想象自己理想中上司的样子。当然，现实和理想相符的例子几乎没有。理想仅仅是理想而已，职场生活却是要求我们跟各式各样的人互相适应着过下去。即便如此，也会发生必须要离开现在的上司，离开现在的工作的紧急情况——当上司腐败时。这是彼得·德鲁克说的。德鲁克告诫说，一旦发现上司腐败，就要毫不犹豫地离开。因为跟着腐败的上司工作，自己也会不知不觉地适应腐败，最后变成和上司一样腐败的人，所以这是非常危险的。仅仅因为上司不合自己的心意就轻易离职的人，其职场生活是不可能长久的，但是如果上司腐败，就应该离开他，否则你也会变得腐败。

责任心过强的后果

如果上司事事都要亲力亲为，自己出面解决，
那么其下属只会变得懒惰、无能。

！

南课长的勤奋和细心在公司无人能及。最重要的是他责任感很强，只要是交给他的任务，他都会认真对待，有问题的话他会重新确认，直到问题完全解决。因此上司很信任他，而他也更加卖命地工作。如此一来，他早早就升职做了次长，

成了部门的一把手。但是从那时候开始，问题就接连出现了。他责任感很强，凡事如果不亲自出马就不放心，因此他的下属们很辛苦。下属们有诸多不满——自己又不是小学生，上司凭什么要监视自己的一举一动呢？因此，南课长所在的部门总是会传出他和下属们争吵的声音，业务也就没办法顺利进行了。属下们一个个轻松悠闲，南课长一个人跑动跑西忙活。

像南课长这样责任感过强的人，会使所在的团队失去挑战精神、属下变得无能。他倾向于认为一起合作的人没有能力或者无心做好工作，如果自己不站出来指挥，事情就不可能进展顺利。这样一来，和他一起工作的人自然会失去热情，甚至这样想："就你行！真是的，我们就来看看你有多能干吧！"然后就双手抱在胸前看热闹。如此，工作当然不可能顺利开展。面对这样的结果，上司会责备属下，属下也会怪罪上司。

在一个家庭里也是一样，如果做父亲的太过强势，其他人的想法就会受压制。如果什么事情父亲都亲力亲为，什么事情都由父亲决定，那么，其他人自然而然地会对他形成过度依赖。从购买小的日常用品，到家里祭祀祖先要在哪里举办仪式、请些什么客人，给人家的红包要包多少钱，甚至决定自己命运的专业选择问题也会交给父亲决定。更甚者，夫人的发型都要由男主人来定夺，如此一来，他该有多累啊。这样的父亲会埋怨说："这个家少了我就一天也过不下去啦！"而家里的其他人也会有他们的怨言："父亲什么都亲自上阵，我有什么可出头的地方呢？就按照他吩咐的做吧……"

凡事都有一个度。成功的必需条件"责任感"也是如此。比起一个人担负所有的责任，通过适当的方法来分配责任才更合理。只有这样，个人可以出头，团队也可以取得更大成功。

一般人最不满意的事情就是“自己作决定，干吗让我干活儿啊？我根本都不知道是怎么回事呢”。所以，在决策过程中让其他人一起来参与，不仅有助于达成共识，也能够取得更好的成果。不要一个人又敲锣又打鼓，从一开始就让其他人一起参与吧。比如，“有这么一件事情，请大家一起来讨论一下，为了完成这个任务，我们要看看该按照什么样的步骤做什么样的事情，以及在此过程中我们应该如何分配任务等具体问题。”在这样的气氛下，大家会踊跃发表自己的意见，各自的责任分工也就自然而然明确了，工作的热情自然也就有了。一起作决定、商量事情的过程自然会让大家产生责任感。

再就是明确责任分工。为了团队的成功，按照职位的不同、每个人角色的不同，对各自的角色分工要定期进行商议。社长有社长的角色分工，代理有代理的角色分工。但是，在很多团队里这样的分工不明确，因此冷嘲热讽和互相鄙视的现象会在团队里蔓延。此时需要考虑的事项之一，就是信任的程度。根据专业、经验、能力的不同，每个人所应该担负的责任的轻重当然有所分别。

一般，我们会笼统地认为有责任感的人是好人，否则就是没有责任感的坏人。但实际上，拥有的责任感超过自己能力的人反而更加有害。因为过度的责任感会抹杀周围人的责任感，甚至坏大事儿。不要一个人承担所有的责任，为了团队的效率，必须和周围的人一起分担责任，根据相应的职位和能力确定每个人所应承担的责任。

↘ 好的领导是能发现好的追随者的人。好的追随者就是能够辨别好的领导，帮助他成就事业的人。

心得分享

心得分享

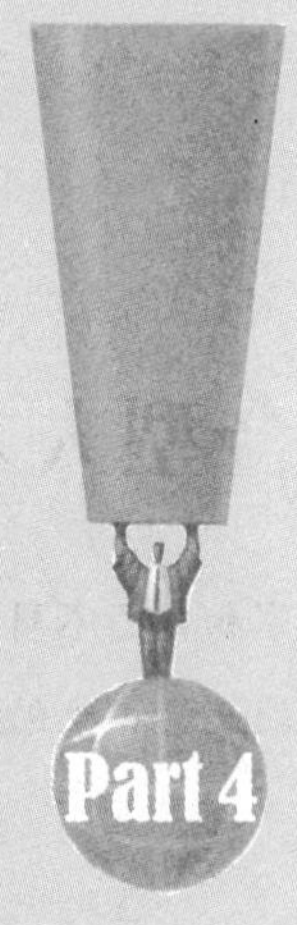

自我经营

- 在逆境中寻找机会和希望。有些事看似不幸，其实却是幸运的开始
- 所谓战略，就是要做好最重要的事情，抛弃次要的事情

混合型人才

要接受人家和自己不同的现实，
并享受因此而产生的摩擦。

!

混血比纯种血统强大。泰格·伍兹（Tiger Woods）如此，超级碗（Super Bowl）的海因斯－沃德（Hines Ward）也是如此，就连油电两用的混合动力汽车也比纯油动力的汽车更先进。所以，全能人才也比只会一样技能的人才更受欢迎。南

怡岛（株式会社）的姜禹贤社长是综合型人才的典型代表。他是设计师出身，原来经营着一家CI(公司个性系统设计)公司。偶然的一次机会，他去南怡岛游玩，发现那里一个人也没有，非常震惊，而此时南怡岛的主人正好请他对南怡岛进行改造，于是他花了五年时间做这件事情。五年前的南怡岛和现在完全是两个不同的世界。如今，即使是在寒冷的冬天，南怡岛也到处是来自日本和中国台湾的游客。他经营南怡岛的方式与众不同："我们不是为了赚钱，而是为了给游客带来乐趣，让他们愿意来这里，来了第一次，就会来第二次。如果我们把心思全部花费在如何赚钱上面，南怡岛早就完蛋了。

我们追求的是乐趣，追求的是打造舒适的疗养地，这样人们才愿意来第二次。"南怡岛之所以能有今天的繁华，就是因为姜禹贤拥有和常人不同的DNA。

那么，要想成为混合型人才，我们应该做些什么呢？

首先，摒弃对专业的误解

高中的时候我们就分文理科，但是这样划分到底有没有意义呢？有几个人毕业后找到跟专业对口的工作了？不要对自己的专业念念不忘。没必要学了化工就一辈子靠化工学吃饭。学了化工，只能说明你的事业以跟化工学有关的工作起步的可能性比较大而已。比起专业，更重要的是态度：世上没有做不到的事情，只要有机会，不管是什么事情，我都会积极挑战自我，一旦开始做某件事情，我就满怀热情、竭尽全力。认为“我是文科生，怎么可能做那样的工作呢”，这种消极的态度是最不好的。中国高等学府清华大学的教育理念之一是“文理渗透”，目的就是要培养将文科和理科融会贯通的人才。这样的态度才是正确的。

其次，时刻对身边的事物保持兴趣，努力用更开阔的视野看待问题

想挖得更深，就得挖得更宽。一定要杜绝“我是研究员，只要做好研究工作就行了，至于……”的态度。即使是在研究所工作，也应该积极去了解其他人在做什么事情，他们有什么烦恼；还要多读其他领域的相关书籍，多多学习。世上万物都是有联系的——你影响我，我又带动你。伟大的发现或革命都来自不寻常的地方。

第三，积极参与和自己DNA不同的人的聚会

我还在汽车企业工作的时候，以为世人都是靠卖汽车过日子的。直到开始做咨询工作，我才知道原来谋生的手段这么多种多样，并且发现跟从事过多种职业、有着丰富背景的人谈话是多么有趣的事情。跟所从事的行业与自己不同的人谈

话，脑海中经常会意外地涌现出关于自己所从事领域的新想法。从这个角度来说，混血更强大就是真理。与其他人的广泛交流正是自我发展的最重要要素。彼得·德鲁克说：“知识革命要通过与知识的交流会合完成。”

“活到老，学到老。”新时代的文盲指的不是不识字的人，而是停止学习的人。未来的脑力劳动者每三年要挑战新知识，否则只有倒退——这是阿尔文·托夫勒（Alvin Toffler）和彼得·德鲁克的理论。说的真对啊。仅凭大学期间学到的专业知识能混几年啊？学位的有效期又有几年呢？最多不过三年。因此，“活到老、学到老”，挑战新学问是我们每一个人的任务。你所学到的新知识会和已有的知识产生化学反应，赋予你不可估量的洞察力。

越是追求纯种血统的团队或者个人，越是避免不了“后进”。我们从来没有见过总是高喊“别把我当外人”的人取得成功的例子，因为他们忙于保全目前的地位都忙不过来。人要认同和自己不同的人的优点和伟大之处，享受不同所带来的矛盾。当周围的人全是同类的时候，要有危机意识，因为只有通过与不同的人相遇，我们自己才会变得越来越强大。

十分钟的奇迹

我的现在是过去所经历岁月的结果，
而我的未来则会是现在的所作所为的结果。

!

想成为作家的人最应该做的事情是什么呢？每天梦想着成为作家，就能够成为作家吗？有一天会出现一个老师教你成为作家的秘诀吗？这样的好事是永远不可能有的。与其这样想，还不如每天花十分钟时间练习写作的效果好。无论喜欢

与否、无论写出来的文章好还是坏，只要坚持每天写，就能有质的飞跃。人生没有瞬间成功的道理，都是一点一点积累，从量变到质变的过程。所以，每天当中如何使用十分钟时间，会影响你的人生。要空出整块的时间是比较难的，利用零散的时间则比较容易。

上下班周围的时间比较具有代表性

有段时间，我每天要从日山到三成洞去上班。光是花在地铁上的时间就有一个半小时之久，而我又习惯比一般人早出门半小时，为的是可以有位子坐下看书。那段时间是我读书最多的时间。基本上每天能读完一本书。而对于其他人来说，这段时间就是上班路上的时间、在挤满人的地铁里忍受的时间，而对我来说则是每天能读完一本书的时间，如此一来，我们的人生自然会有所不同。时不时小憩片刻也是一样的道理。定时出去抽根烟的人和定时做做伸展运动、活动活动筋骨的人，健康状况会有很大的差异。

应对紧急状况也是需要方法的

人生就是这样，计划跟不上变化，事与愿违的情况经常发生。飞机晚点、路上塞车、约会取消……我们要时刻准备着应对这些突发状况。我的车里总是备着演讲的磁带，塞车的时候就听。据说国会议员全汝玉一塞车就开始打“欠别人的电话”。利用这样的闲暇时间，就算欠多少个电话没有打，都能补回来了。等人的时候看看书，原本无聊的等待时间也会变成黄金时间。

约会时提前十分钟到达也是管理时间的好方法

据说洛克菲勒的母亲嘱咐他要“提早三十分钟到教堂，去坐在前排的位子上”。早到不仅仅意味着勤奋，能给对方以好印象，也很可能带来好运。约会时提前十分钟到达和迟到十分钟，你的时间的质量会完全不同。现代集团的创始人郑周永先生就是很好的榜样。据说他约会时总是提前到达，对当天要见的人加以“琢磨”——想想要见的是什么样的人，为什么要来，自己能为他做什么，等等。所以，人们当然对他很有好感。相反的，迟到的人，他的时间是死的，过了约会时间才气喘吁吁地赶过来，能有什么想法呢。光是迟到本身，就很伤对方的感情了。

今天的事情今天做，也是管理时间的好方法

比如处理邮件，如果总是推说以后再处理邮件，就容易耽误事情。

在这里我们有必要参考一下美国前总统艾森豪威尔的例子。他管理时间的哲学就是简单化和及时处理。也就是，他主张生活尽量简单，把精力集中在最重要的事情上。他把工作分为四类：

要放弃的工作、指示或者协调性的工作、要马上直接处理的工作、联络性的事务，然后拣最重要的事情首先处理。而邮件也是这样：及时将其分为要马上删除的、要转发的、要归档的、要立刻回信处理掉的，等等，相应地进行处理，这样做的效率最高。

拿破仑说："所有现在所经历的不幸都是过去的错误对现在的报复。"我的现在是过去所经历岁月的结果，而我的未来则是我现在的所作所为的结果。并不是一味的节省时间就能取得成功，能否成功取决于你是否把时间用在有意义的地方。忙不忙并不重要，重要的是为什么而忙。从这个角度来说，时间管理的核心是要了解自己。要思考自己真正想要的是什么，什么才是对自己有价值的，自己是否把时间用在这些事情上了，根据这些对时间加以调整利用，这才是真正的时间管理。

成为时间强迫症患者

甘地在干部会议上对迟到 30 分钟的人说：

“印度的独立因为你推迟了 30 分钟。”

!

有一位经常以企业员工为对象做讲义的教授，他的讲义主题涵盖竞争力、核心竞争力、经营信用等各个领域。他凭借丰富的专业知识、洞察力、口才而颇富盛名。但是，他同时也以爱迟到闻名。开会的时候教授一定会迟到，给学生讲课也经常

迟到十分钟，和自己培训过的CEO们会晤的时候迟到，甚至打高尔夫球的时候也会迟到。他的绰号叫“迟到教授”。正因为这样，我总觉得他的著作和讲课都像是假的、难以令人信服，听起来好像很不错，但总觉得不真实。一个不守时的人，有什么资格讲和信赖有关的课程呢？

成功人士一般都会很守时，有点时间强迫症

爱敬集团的张英申就很具代表性。他习惯比约会时间提前十分钟到达。按他自己的话说：“不管是公事还是私事上的约会，我都会提前十分钟到达，等候对方。初次见面的时候，就算只迟到了五分钟，也会给人留下不好的印象。我在评价下属的时候，也会把时间观念作为一个很重要的尺度。我个人觉得，一个不守时的人是不可能做成什么事情的。时间是把握包括商务关系在内的所有人际关系的首要关口。是否守时这件小

事充分体现了这个人的性格和品格。”（张英申自传《种小麦的心情》）

是否守时是判断一个人的最简单的方法

看一个人开会的时候是否按时到会，就可以知道这个人是怎样的人。上课的时候也是如此。有的人总是晚来，然后坐在靠后的位置上，这样的人埋都不用理他，他们一般成绩不怎么样，而且人也不诚实可靠。一流的企业开会都很准时。三流企业开会时光等人到齐都要等三十分钟。守时不仅仅是一个习惯的问题，更是衡量诚实可靠与否的尺度。守时的人是对自己的人生很负责任的诚实可靠之人，他们往往值得信任；成天迟到的人大部分都是“做一天和尚撞一天钟”、得过且过的人。而且，从是否守时也可以看出一个人对待约会对象的态度。没有什么特别的理由，却让对方等自己，其实无意中就表现了一种傲慢的态度——“我不尊重你。你想和我见面，怎么也得等那么一会儿吧”。这是很危险的态度。和下属开会的时候习惯性地迟到的上司，虽然嘴上没说，但也像是在说：“我的地位比你们高，你们的职位比我低，所以你们等我是理所当然的，我不在乎。”

总是迟到的人，对人生未免太乐观，因为，他似乎以为路上绝对不会塞车，也不会发生意外；而且总觉得别人等自己是理所当然的，别人的时间不如自己的宝贵；自己高人一等，即使让人家等等自己，人家也不会因此而讨厌自己。事实绝非如此。人家在等你的时候就开始在心里一一列举你的缺点了，说不定还会暗下决心再也不见你。

守时的投入产出比是很高的

最重要的是你可以因此赢得对方的好感，没有比守时更容易赢得对方好感的事情了。提前十分钟到达，静静思考一下：“他为什么约我见面，我能帮他什么呢。”只要这样，你就能赢得对方的好感、得到心灵的平和。

不守时的人根本不把迟到当回事儿。他们觉得“这算什么啊，何必大惊小怪？迟到是不可避免的嘛”。确实如此，迟到是不可避免的。但如果总是迟到就有问题了。一旦被其他人认为是不守时的人，你的麻烦就来了，为此付出的代价远远超出你的想象。人家会抱怨你耽误了自己的时间，甚至有时候会给你盖上看不起人家的大帽子。开会经常迟到也很危险。因为这就像在为自己做广告：“绝对不要和我这样的人一起工作，我是不值得信赖的。” 甘地在干部会议上对迟到30分钟的人说：“印度的独立因为你推迟了30分钟。”这是多么严重的问题啊，因此，在对待时间和约会的问题上，我们应该有一定程度的强迫症。

避开病毒

想要生活得更加健康，
必须学会远离负面的信息和人，保护自己。

！

获得幸福没有固定的方法，觉得不幸的途径却是很明确的。其中一条就是每天认真看新闻。早上五点钟起来开始看早间新闻，然后每个小时都定时看新闻。最好不要看娱乐和以自己的兴趣为主的体育新闻，要远离娱乐和兴趣。每个媒体的新闻都会有所不同，所以要尽可能通过多种媒体渠道收看新闻。但是这还不够。为了获取更有深度的信息，你还要看报纸。看几份报纸呢？看一两条新闻是不能让你变得不幸的，至少要看五份，最好是包含经济类报纸、网络新闻。

尤其不能放过晚上播放的揭发社会事件、专题新闻等，例如《追踪 60 分钟》（韩国 KBS 二台时事节目）、《PD 手册》（韩国 MBC 招牌时事节目）、《时事讨论》（韩国 SBS 电视台节目）、《时事杂志 2580》（韩国 MBC 招牌新闻节目）、《韩国经济》（韩国专业经济杂志）……到这个程度就差不多了。知道的事情多了，你的担心也就多了："伊拉克战争"以后，美国的下一个"敌人"将会是谁，"非典"（SARS）对我们的生意产生了什么样的影响，该如何解决青年人失业问题，环境问题可以就这样被搁置吗，信用不良问题该如何解决，如何看待离婚率上升的问题……

如此一来，你的头脑里会充满各种各样的问题。

不能只让这些问题停留在你的头脑里。一有时间、一见到人，不管是吃饭时间上班时间，都要跟其他人争论，发表自己的看法。需要注意的是，绝对不要考虑你应该做的事情或者你能做的事情，一定要把精力集中在问题上。而且要时时有危机感，要让危机意识充斥自己的大脑，变成一个善于质疑现实的人。只要这样，你就会觉得生活真是不幸啊，怎么有那么多问题那么多灾难……可能也因此变得悲观、消极。

人们倾向于认为消极、冷淡的人比较聪明、知识渊博。说到积极的、光明的一面，有的人就会联想到政府的爪牙或公司的走狗。然而事实并非如此。成天长吁短叹并不能改变任何现实；发现消极的事情，并不能令事情有所转机。总是消极行事，并不能改变人。消极的人从来不可能成就变化和改革。他们只会夺走人生活的活力。

想要生活得更加健康，必须学会远离负面的信息和人，保护自己。他们可能是知识分子，可能是你的家人，也可能是你的朋友。他们看似要帮助你，其实会使你失去力量。听了他们的言论，你会感到浑身无力，甚至觉得地球还能继续转已经是个奇迹了——就像上文说到的，追着新闻看，你会发现社会问题这么多，经济竟然能够继续发展，真是奇怪啊！

精力是会互相传染的，热情也是。和精力充沛、性格开朗的人在一起，自己的心情也会不由得变好，觉得生活很有意思。有的人在逆境当中也能帮你找到光亮和希望，看到这样的人会让人开心；也有的人明明事事顺利，却能千方百计地找出问题，看到这样的人会让人丧气。

我离开以前工作的大企业的时候，朋友们说我那是“看似不幸，其实却是幸运的开始”，这句话给了我很大的安慰。不管他们说的是真是假，我自己也希望事情能朝着那样的方向发展。生活也是如此。社会虽然看起来充满危机，但是其中可能蕴藏着改革的火种，劳动纠纷问题虽然很严重，但是换一个角度看，可以看出社会是充满活力的、人们也在努力试图改变现状。如果觉得现在每天都像生活在地狱里一样辛苦，不妨这样想想：这正是“天将降大任于斯人也，必先苦其心志、劳其筋骨、饿其体肤……”。这个世界上的确需要那些传达负面信息的人，但我还是想在逆境中寻找机会和希望。我希望生活充满乐趣、充满惊喜、无比快乐，只有这样想才觉得有希望。

刚开始工作时想尽办法也要吃苦

刚开始工作的时候没有吃过苦头的人无法了解企业的真味。

没有过野战经验的人就无法成为将军。

!

读大学选什么专业，大学毕业后去什么样的地方工作，工作以后是继续做目前的工作还是挑战全新的工作……这些是每个人一生中都要作的非常重要的决策。大部分毕业班的学生都希望进

入大企业工作，尤其是进入大企业的企划部、宣传部、市场部等听起来很神气的部门工作。因此，大企业选人的时候经常是百里挑一，而地方性中小企业则总是缺乏人才。几乎没有新员工想进入营业、生产部门工作。

想要在企业里取得成功，同时为企业做一定的贡献，前提是必须对企业有充分的了解。为了了解企业本身，最重要的就是要了解、把握企业的基层。

能够令已经濒临破产的日产汽车转亏为盈的卡洛斯·戈恩（Carlos Ghosn）社长说过，最开始工作时在工厂积累的经验对他来说非常宝贵。

“我的第一份工作是从米其林轮胎开始的。作为一家法国企业，米其林轮胎独具特色，新员工全部被调到生产现场工作一段时间。不管他是谁，从哪个学校毕业，都要先去工厂和其他工人一起工作。我被分配到了克莱蒙费朗（Clermont-

Ferrand）近郊的乐多姆（le-Puy）。在那里，我穿着蓝色的工作服按照早班、中班、晚班三班倒工作。那段时间对我的冲击很大，主要是因为作为工厂工人，生活结构和一般人是完全不同的。但是，通过在生产现场的工作经历我学会了很多，包括学会了使用机器的方法，了解了生产现场的人们，懂得了该如何管理他们。现场监工有时候会露面，但工人很少有机会能见到他。管理者的露面对工人们来说简直就像国王视察一样，非常少见。通过那段经历，我知道了：如果管理层不能把握生产现场的话会有什么后果；知道了普通员工都真心渴望有更多获取知识和培训的机会；发现了生产现场的实际状况和管理层的认知差异会造成现场作业的停滞不前。作为工人积累经验的同时，我还明白了：生产部门才是把握公司整体业务或者问题的突破口。”

刚开始工作时就算想尽办法也要吃苦。因为

一开始经历了辛苦和失败，之后才能以此为基础取得成功，日本人称之为“下积”，指的是基层要打好坚实的基础，刚开始工作的人应该通过做各种艰难的工作积累经验。如果一直是一片坦途，说明你的经历是有问题的。

没有受过苦的领导无法读懂辛苦的员工们的心思；刚开始工作的时候没吃过苦头的人无法了解企业的真味。因此，没有过野战经验的人就无法成为将军。我在美国完成学业后，在工作很轻松的研究所工作，后来被派遣去因为被称为劳动纠纷的“象征”而出名的工厂工作。在那里我吃了四年的苦，当时也经常感叹自己的命运很苦、希望能够尽快去比较舒服的地方工作。直到后来，我才了解，当时在基层工作的经历才是我的职业生涯当中最宝贵的经历。如果没有在工厂工作过，我是不可能了解他们的生活并理解他们的。这些都是书本上学不到的知识，也是不能从其他任何人身上获取的、必须亲身经历才能得到的宝贵经验。

年轻时如果过得太舒服是有问题的。如果我年轻时没有受过苦，现在就有可能过得很辛苦。一片坦途的人生给自己、给他人都不能带来任何感动或者教训。你能想象有人这么说吗——“大学毕业以后工作一直很顺利，升职、赚钱、积累经验样样都不误。活得真是滋润啊。真不理解其他人为什么有那么多烦恼和不满”。这样的人根本不可能存在，即使有，也没有人会听他说的那些话。

如果现在的生活非常辛苦、疲惫，那么想象一下，五年或者十年后你大获成功后接受采访的情景吧。想象一下当记者问你如何取得成功、有什么话要对渴望成功的人说的时候，你闭上眼睛回忆过去的场面吧。也许你会这么说吧：“我年轻的时候人生真是一片黑暗，没有一件事是顺利的，运气非常差，可以说‘喝凉开水都会噎着’。走到哪儿别人都不待见……但是后来我才明白，正是开始工作时所受的苦，造就了现在的我。”这些话可不是虚构的，而是出自韩国最成功的 CEO 之一——韩国斐乐（FILA）的尹润洙社长之口。

辛苦，累，累死了，这些都不真的是生理上的感受。不是因为辛苦才会有这些感受，而是因为在辛苦的同时不能发现其中的意义才会有这样的感受。如果能找到现在辛苦的意义所在、相信现在的辛苦会成为今后发展的良药，就不会觉得现在的辛苦是辛苦，而会全身心投入地去工作。

设定测定标准

人生就像一场马拉松比赛，在这场漫长的比赛中，我们要善于寻找乐趣。其中一个方法就是设定测定标准。

!

2004 年 189 本、2005 年 210 本、2006 年 172 本、2007 年 220 本——这些是我近几年阅读的书籍的数量。我把每年所读书籍的书名、作者名、出版社等信息都一一记录在小册子上。把其中自己比较受感动的书、想在媒体上介绍的书、想推

荐给经营者的书，都单独作了标记。看书的时候我会随时勾勾画画，如果突然灵感涌现，我也会赶紧把它记录在电脑上，整理进“读后感”文件夹里，并加以分类。到目前为止，我已经整理了包括家庭、教育、烦恼、恐惧、信仰、信任等主题在内的 200 多篇读后感。

点击“结婚”这个主题，就能看到所有读过或者听说过的有关结婚的格言、事例、有趣的话，等等。如果有人请我做关于结婚的讲义、或者就结婚这个话题向我约稿，我首先就会打开这个文件夹查阅一番。这个整理读书信息的资料室应该算是我最宝贵的财产了。看着资料室的内容一天比一天丰富，我感到很满足、很喜悦。

自我提升是一场马拉松赛跑，可能会很无聊。所以，在这场漫长的比赛中，我们要善于寻找乐趣。其中一个方法就是设定测定标准。没有任何测定标准，盲目地投入时间和金钱，是非常幼稚的行为。开始的时候可能满腔热情，然后没过多久就会觉得无聊和疲倦，最终放弃。这与保龄球母猪用窗帘盖上保龄球再打没什么区别，也像在没有球门的球场上带着球到处乱跑。

快要结束兵役的士兵每天都在日历上作标记，这样做能带给他快乐。因为这可以令他用身体感受到兵役结束的那天越来越近。我从这里得到了启示，从而成功戒烟。戒烟期间，我每天晚上用红笔在日历上作标记，同时美滋滋地自言自语："今天也很辛苦啊。不过我还是忍住了，没有抽烟。"

自我提升和减肥有着同样的特点，下决心谁都会，但并非人人都能取得成功。要成功是非常非常不容易的。反复下决心，每次都是徒劳无益，这样的经历大家都有过。成功的结果都是华丽的，但过程都是枯燥无味的，而且失败的人远比成功的人多。

但是，戴上测步仪跑步比单纯跑步有意思。

比起空想要自我提升，将目标具体化并最优化，一步一步实现它，并且用自己的双眼全程确认这一过程，是对自己最好的督促。“能检测就能改善”，彼得 · 德鲁克如是说。

全新的视角

带着疑问去审视平时觉得理所当然的事物，

因为新的 Idea 其实就藏在我们的身边。

!

怎么安抚因为电梯太慢而勃然大怒的乘客呢？换电梯的话不仅要投入大量金钱，而且施工也需要几个月，时间是大问题。大楼主人因此伤透了脑筋，大楼的清洁工却轻而易举地解决了这个问题——在电梯里挂一面镜子。这样一来，人

们忙着照镜子，就不会注意到电梯很慢了。

20 世纪 60 年代，跳高选手跳高时都向前迈脚。教练们都教导选手要“看着正面，头跟着脚向前冲”。因为大家都认为，选手们看着自己要落脚的地方助跑，不仅能获得心理上的安定，而且可以利用助跑时的冲力使自己跳得更高。

但是年轻的运动员迪克·福斯伯里（Dick Fosbury）摈弃世俗的常识，发明了背朝下越过横杆的背越式跳高（fosbury flop）技术。所有人都取笑他，当时的《时代杂志》（*Times*）甚至苛刻地评论说这是“有史以来最可笑的姿势”，甚至有人呼吁禁止在正式的运动会上使用这种方法。但福斯伯里顶住了来自各方面的压力，潜心练习这种方法，最后在 1968 年墨西哥奥运会上获得了金牌。这等于给了那些曾经嘲笑他的人当头一棒。此后，业界将他独创的背越式跳法正式命名为“福斯伯里跳法”。福斯伯里青史留名，而现在，所有的跳高选手都采用背越式跳法。

上面的两个例子充分说明了平常用全新的角度去思考问题是多么重要。大家都认为一件事理所当然的时候，所有人都用同样的方法解决问题的时候，试着换一种方法去思考吧。历史上所有的伟大发明和跨时代发展都是“不同思考”的结果。有创意地去思考，用全新的视角看待周围的一切，应该说是新时代对每个人的基本要求。下面，我们来看看怎样才能拥有有创意的、不同的思考方式。

首先，要有强烈的目标意识

这是一个信息爆炸的时代，有太多东西吸引我们的眼球，有太多事情要做，但也有太多事情不能做。就像发洪水的时候反而没有水可以喝，信息的洪水也是如此。信息泛滥到了难以控制的程度，在这样的信息洪流中，为了过滤我们需要的东西，就必须要有一个明确的目标。有了目标，再加上处在一定程度的精神紧张状态，脑细胞就会开始运动、活跃起来。确定无疑的目标意识和相信自己一定能够成功的自信是创意的源泉。认为“我是很有创意的”的人，比认为“我是没有创意”的人更有可能成为有创意的人。

其次，培养集中精力的能力

我们的时间和精力都是有限的，但思考所消耗的能量远比我们想象的多。集中精力的思考就像激光一样有能量，能够解决难题的想法是集中精力思考的结果。遇到问题的时候，运用激光式思考深入研究问题，就能找到解决方案。

开发集中精力的能力和锻炼肌肉是一样的道理。冥想是最好的方法。冥想就是用你探照灯一般的心去发现新的信息。选一个特定的想法、原则、真理等为主题，然后深入地思考玩味。对心思进行再组织、再思考，就能发现隐藏着的相似点或者之前没想到的关联性。

再次，作假设，然后仔细观察

天下没有真正全新的东西。重新解释、重新建立连接、加以应用，这就是创新。为了有好的创意，要多读书、多积累现场经验，更重要的是要建立正确的思考路径，这就需要假设和观察。

建立假设，一边推测一边观察，内功就会日益长进。通过观察发现自己的假设不正确的话，还可以思考或建立其他假设；而经过观察证实的假设本身就是理论。通过经验和观察来确认理论，理论就会变得越来越坚实。同样的事物或事情，有的人看了不会有什么特别的想法，有的人则会加以推理，这两种态度之间差异巨大。

最后，不停地提问

提问 (question) 的语源和探求（Quest）相同，

都出自拉丁语“求”。有创意的生活是持续探求的结果，而提问则是探求的必需要素。关键在于要提出关于信念、行动、价值观、目标、生活方式等的问题，然后进行观察和考察。正确的提问对有创意的生活至关重要。为了创意，就要对自己提出尖锐的问题，并虚心听取周围的应答。

不能产生新的想法，是因为我们没有真正去思考。亨利·福特说：“思考可以说是最难的事情，所以思考的人才那么少。”请带着强烈的目标意识积极思考吧。在潜意识中酝酿新想法，带着疑问去审视平时觉得理所当然的事物，因为新的Idea其实就藏在我们的身边。

全身心投入带来的力量（1）

全身心投入可以驱走生活中的不安和疲倦感。

全身心投入地生活，生活就会固若磐石。

!

大人和小孩子谁更幸福？不用说，当然是小孩子。小孩子虽然有时候会哼哼唧唧，但是一天中的大部分时间他们都是笑着闹着，过得很幸福。小孩子能够比大人更幸福的理由之一是他们能够很容易地投入一件事情。他们在沙堆里盖房子、

捉迷藏、骑自行车的时候非常投入，不会去想别的事情。不会去想“经济这样下去行吗，我将来能够成功吗，我的健康有没有问题”等等这些问题。孩子们会全身心地投入当下正在做的事情中。

投入是幸福的必需条件。但是我们大人做不到这一点。我们每天都会东想西想。在公司的时候挂念着家里，在家的时候又想着公司的经营目标；喝酒的时候会谈论工厂的事情，在工厂的时候又提起前一晚聚餐的话题；在占一天大部分时间的公司生活中，也很难全身心地投入。

早上上班的时候把魂儿丢在家里，只带着身体在公司昏昏沉沉上一天班，然后回家，不能百分百投入自己所做的工作，精神恍惚、在“非本心”状态下度过一天。所谓“非本心”状态指的是精神和肉体不统一的状态。在这样的状态下人会很容易疲倦和心情沉重。

投入指的是在生命高潮的一瞬间时，人的行

动像行云流水一般自然的感觉。全身心投入可以驱走生活中的不安和疲倦感。只要毫无保留地投入，充分使用自己的身体和心思，不管做什么事情，都可以在其中发现价值。能让生活更加精彩的是全身心的投入。投入带来幸福，投入带来能量和活力。

在足球场上如果精力不集中的话就会输掉比赛，生活也是如此。为了得到幸福，必须具备投入的能力。安德鲁·卡耐基（Andrew Carnegie）说过："具备全身心投入的能力的人，不管做什么事情都能够完全投入。"

司马迁的《史记》中提到过"三忘"的概念。说的是士兵应该忘记的三件事：上战场的时候要忘记家庭；战斗的时候要忘记父母；听到冲锋号的时候要忘记自我。

能够投入，生产效率就会提高，这与成功息息相关。学习不好的学生，他们的特点是坐在书桌前的时候东想西想，不能集中精力学习，工作不行的员工也有这种特点。不能集中精力，就不能做出成绩。

真正的美来自于“不动的心”。印度梵语称之为“Samadhi”，也就是“三味”。心若平静无波，所有的事物看起来都是美丽的。但如果心灵不安，即使是再美的图画或者风景看起来都不觉得美。心存怒火的时候，会把称赞听成是辱骂，即使看到山珍海味，也会觉得毫无食欲。所以，最重要的是要具备一颗不会随时改变和动摇的心。

有没有做什么事情都无法投入，浑浑噩噩度过一天之后觉得非常空虚的经历？有没有全身心投入某件事情，哪怕只是短短的三十分钟，因而感到充满活力的经历？对不懂得投入的人来说，生活就像从指缝滑落的沙子，而投入者的生活，则固若磐石。

全身心投入带来的力量（2）

投入绝不是机械的行为，投入本身会令人喜悦，还会带给人满足感，令人头脑清醒。

!

为了能够投入，我们必须留心身边的事物。孩子们之所以能够轻易地投入，是因为他们对周围事物有强烈的好奇心和兴趣。在孩子的眼里，所有的事物都是新鲜的、新奇的，而我们成人则失去了这样的特性，我们总是吝于使用我们的好

奇心，只把它用在严肃、重要的事情上。

因此，为了投入，就要先有意训练好奇心。用全新的视角去看待周围事物，原本非常普通的事物也会变得新鲜。投入地去洗碗、穿衣、打扫，都能让人感受到其中的乐趣。如果我们对这些事物不感兴趣，它们就不会显得有趣了，欣喜总是随着兴趣来的。

通常，人们认为不能投入是因为所做的事情没有意思。这话并非没有道理，但是，要想一开始就找到有趣的事情几乎是不可能的。以怎样的态度做事比做什么事情更重要。

某位风险投资企业的女社长从刚开始工作的时候就和一般的人不一样。即使是剪报这样的事情，她也做得别出心裁。她会用心挑选出新闻，统一用A4纸扩大或者缩小复印，记载下新闻的名称和日期，还会把这些剪报分门别类，甚至加上自己的读后感。她的上司甚至说，直到现在为止，他也再没有见过第二个像她那样用心去做剪报的人。

赋予别人觉得枯燥无味的事情乐趣，这就是投入的力量。没有什么事情从一开始就是伟大的，区别在于你是否以伟大的心态对待哪怕是琐碎的事情。

一般来说，为了投入，就必须把握好要解决的课题和所具备的能力之间的平衡，掌握好了，就容易投入。如果课题的难度远远低于自己的能力，人就会自信满满，而后放松、倦怠，直至失去兴趣，觉得无聊厌烦。这也是为什么我们不会对过于简单的问题或者知识竞赛题感兴趣。比本身的能力所及难度稍高些的课题或者目标容易使人投入。有时候你觉得自己能解决那个问题，可是真解决起来却发现并非想象中那么容易，这样的情况最容易调动人的挑战意识，带动人投入。

制造能够全身心投入的环境也很重要。首先

我们要跨越周围阻碍我们投入的众多障碍。随时随地可能会响起来的手机是最危险的敌人。对于脑力劳动者来说，能够随时无障碍投入工作的环境是必需的。想写好提案，没有妨碍的大块时间比小块时间更有用。

与客户商谈，也要尽量选在安静的地方进行，而不是吵闹、干扰多的地方，这样，商谈才容易成功。所以，需要集中精力去做的事情，最好安排在早晨。实在不行，找一个没有人妨碍的地方，关掉手机工作，也能取得较好的效果。新闻上曾经介绍过某金牌汽车销售员，当记者问他销售秘诀的时候，他的回答是“不用手机”。他解释说，在和客户商谈的过程中如果手机响起来，就会打断商谈的思路，商谈效果就不会好。现代社会妨碍人投入工作的罪魁祸首可以说就是手机。

无用的信息会妨碍投入。世界上到处都是没有必要知道的垃圾信息。不对，应该说不知道才更好的信息更多。从这个角度来看，每天一定要看看和自己无关的新闻、报纸，这样的习惯并不好。我尤其不赞成在头脑清醒的早晨时间看报纸。使用互联网的时候，也要养成只挑选必要信息的习惯，其他信息最好不要看。想发一封邮件，打开网络却不得不看到不停弹出来的窗口和“快讯”形式的消息，其中很多都是虚假的新闻。网络无疑也是妨碍投入的另一个重要因素。

投入绝不是机械的行为，看电视或者赌博不是投入，而是上瘾。因为这些不是劳动，而是机械的行为。投入本身会令人喜悦，还会带给人满足感，令人头脑清醒。清晨起来投入地写作之后的快乐、跑了 5 公里以后的爽快感、为了完成提案而埋头工作几天之后的满足感，这些是其他任何事情都不能代替的。热爱自己的工作，投入其中，在这一过程中获得快乐和能量，享受投入之后的悠闲，这就是人生的乐趣。

热切的期望

成功属于那些坚信自己会成功的人。
强烈的信念有助于找到实现目标的方法和手段。

!

不久前，一艘名为尼米兹号（Nimitz）的世界最大航空母舰驶入了韩国釜山港。这艘航空母舰是以“二战”时期立下大功的司令官的名字命名的。这位司令官在少尉时期曾经历过这样的事情：当时，他的上司——司令官——将自己的军

服和军章拿到洗衣房清洗时，不小心丢失了军章。司令官正好马上要出席一个重要的会议，但是，军人没有军章，怎么能参加会议呢？情急之下司令让下属在自己管辖的范围内广播消息："有大将军章的人立刻到司令官办公室来。"其实，司令对此基本上不抱什么希望，因为在自己管辖范围内的大将只有自己一个人。没想到过了一会儿竟然有个少尉拿着大将军章进来了。司令问这个少尉怎么会有大将的军章，少尉如此答道："我女朋友说我一定能成为大将，所以先送了大将军章作为礼物给我"。后来，这个少尉果然成了大将，他就是尼米兹将军。梦想可以成真，成功可以实现，但成功的第一步就是热切地盼望成功，想象自己成功时的样子。成功要预约，然后反复念诵。

成功在于决定和决心。决心要成功，就等于成功了一半。大部分人希望成功，但是又不相信自己会成功。"我这样的人怎么可能成功呢？我怎么可能成为富人呢？”心里总这么想，就会情溢于表。这样一来怎么可能成功呢？为了成功，必须下定决心，而且一有时间就要反复回味、背诵、“洗脑”。如此一来，大脑会认为“这个人已经成功了”，这就是思想和语言的力量。

最近我在帮某周刊做关于成功人士的采访、撰稿工作。一有机会我就会跟被采访者谈起胎梦，结果意外地听到了很多有趣的故事。采访梅里茨（Meritz）证券的金基范社长时，他说自己的母亲当时梦见“火红的太阳冉冉升起”。从小他就是听着“你会成为像太阳一样伟大的人”长大，也许正是因为这样，他从来没有想过自己会失败。尤其是比他大一岁的姐姐，总是会跟他说这样的话，后来他就有了“毫无理由的乐观主义者”的外号。大部分时间他都不会生气发火，遇事也不会惊慌失措。正是这一切造就了今天的他。

SeouLin 生物科学有限公司（SeouLin Bioscience

Inc）是韩国 KOSDAQ 上市公司，其社长黄乙文一直坚持把自己想要的东西记下来并为之努力。他出身贫寒，刚开始工作的时候做营业员，吃了不少苦头。但他一直坚持把自己的目标记录下来，并为实现这些目标而不懈努力。十年后，他自己开了家私人公司；又过了十年，公司变成了法人公司；再一个十年以后，公司上市了。他的梦想就是这样一步一步变为现实的。他总是给自己心理暗示，告诉自己已经成功了。例如，他在 2008 年开始的时候就已经记录下了 2008 年的目标。平常说话的时候他也总是给自己心理暗示。这样一来，大脑就会混淆现在和未来，自动认为目标已经实现了。

言语是思想的体现，它可以主导你的行动，而行动则会造就你的思想。因此，一个人的所思所想和所言是非常重要的。为了成功，必须有乐观的想法，而且要经常通过言语表达自己的想法。

《秘密》（The Secret）这本书就汇集了大量这样的例子。在我们周围，这样的人也数不胜数。

有个熟人，他的女儿考上了首尔大学，儿子也上了外国语高中，真是非常幸运。在得知这个好消息后，相熟的几家人一起吃了顿饭。席间我偶然发现那对父母的手机待机画面上写着“首尔大学的女儿，外国语高中的儿子”。心想他们大概是为了向别人夸耀自己的好儿女，于是开玩笑地说：“哎呀，连手机上都写着呢”。没想到他们说事情不是我想象的那样。“我们一直特别希望女儿能上首尔大学，儿子能上外国语高中，但实际上他们平时的成绩并不是那么出色。听人家说可以把愿望写在手机上带着，我们就那么做了。这大概是一年前的事情了，没想到竟然真的得偿所愿了。”

成功属于那些坚信自己会成功的人。强烈的信念有助于找到实现目标的方法和手段。相信

“一定会成功”的信念甚至能给他人以信心，“我能做到”的想法正是成功的基础和本质。真心相信自己能够成功，你就一定能够取得成功。

集中的力量

太阳光在聚焦之前不能烧毁任何东西。

——亚历山大 · 格雷厄姆 · 贝尔

!

近来，利用激光技术的医疗方法大受欢迎。激光可以在不损伤周围组织的前提下去除有病的部位，其秘诀就在于激光的集中力。激光的集中力说起来很简单，但正是这种简单的集中力可以发挥超强的威力，帮我们实现看似不可能的目标。

如果一个团队或者个人能够发挥那样的集中力，那么，效果将是无可限量的。

为了集中，就不能把力气花在无用的地方

要保持快乐的心情，成功的家庭和团队的共同点就在于他们都是充满欢声笑语的。工作中如果没有了笑声，那么，这个团队是不可能有所作为的。希丁克教练从一开始接手韩国足球队，就强调要踢“快乐足球”。因为他知道，快乐地踢球比咬紧牙关踢球能够走得更长远，取得更好的成绩。世上没有什么事情是无法享受的。任何事情，当你乐在其中的时候，就是最可能取得成就的时候。集中力需要把握好节奏，该休息的时候就要休息，才能保持集中力。所以，中场休息是必需的 。工作的间隙，完成一件事和另一件事的中间可以适当休息一下。休息的时候要摈弃负罪感，安心地休息。

集中力需要新的挑战和刺激

2003年，安妮卡·索伦斯坦（Annika Sorenstam）参加了美国PGA 男子高尔夫赛(Colonial PGA Tournament)。她虽然努力发挥，但最终还是被淘汰了。当被问到为什么要参加这样的比赛时，她回答道："因为我想知道自己的极限，想通过参赛带给自己活力。"在接下去的一个赛季中，她一共出战了18次比赛，其中16次进入十强，8次获得冠军。

每天重复同样的事情，根本无法发挥集中力，必须偶尔挑战一下自我，提醒自己不能满足于现状。为了提高自己的集中能力，索伦斯坦参加了男子高尔夫赛。人只有直面挑战，才能发现自己的潜力。不到必须发挥能力的时候，人是不可能知道自己的潜力的。

挑战是提高集中能力的好方法

人不动，就没有刺激，没有刺激，就没有进步，没有进步，就没有理由去集中精力。这个时候，就需要 Feedback（反馈）和 Feedforward（前馈）来发挥作用。Feedback 是关于改善方案、新产品和服务的革命性 Idea，是对以前的改善方法。FeedBack 更重视过去而不是未来。因此 Feedforward（注：前馈是与反馈相对而言的，反馈是指后出现的活动反过来作用于先前发生的活动，而前馈是指前面发生的活动对后序发生的活动的影响。前馈又指的是一种接受多方面信息输入的平衡系统。人类的高级心理活动大多是根据前馈原理进行的，人们学习时不必对每件事情都尝试，而是通过把当前情景与过去已经储存在高级神经系统中的信息加以比较，直接作出恰当的反应）比 Feedback 更加重要。Feedback 不是扩张性的、活动的，而是局限性的、静止的。因此，Feedforward 比 Feedback 更加重要。Feedforward 立足于未来，而不是过去；Feedforward 集中于未来要做的事情，而不是复习过去。Feedback 证明错误，而 Feedforward 则可以帮助未来的事情更好地实现。Feedback 比较偏向消极，而 Feedforward 则是积极的，因为 Feedforward 立足于解决问题的方法，而非找出问题。

用Huddle代替会议，可以提高集中力

冗长无聊的会议会让人筋疲力尽，而 Huddle（指的是小范围、快速、活跃的讨论）则可以帮助确认团队成员是否集中精力于重要的工作，是否明确了解工作的优先级并就此达成共识。有归属感、了解游戏规则可以将你和团队更好地连接在一起。星期五餐厅（TGI Friday）的服务员和工作人员每天开业前都会开一个简单的会议。会议

讨论的是“今天的餐点和今天不能提供的餐点，上一班同事的指导意见，当天的特别 Party 或活动”。迪士尼乐园也是如此，分管娱乐设施、餐饮服务、商品、保护管理、娱乐项目的负责人聚在一起，召开共享当天的活动、预计客户数、天气等信息的 Huddle。通过共享这样具有决定性的信息，可以预防和应对演出过程中可能出现的变化。Huddle 也是体育运动中重要的沟通手段。它可以让选手们在比赛、中场、抽球、活动中确认他们是否随时如激光般集中精力。MBWA（走动式管理，management by walking around 的缩写）也是如此。管理层不是把员工叫到自己的办公室，而是亲自去现场视察，与员工们交流、作决策、为他们排忧解难。这种行为是自发、非正式的，反应速度非常快，可以帮助管理层更好地了解一线状况，与员工相处更加和睦。

Chunking比多任务同时推进更能提高集中力

多任务推进的人会说："时间太少，要做的事情太多，为了在有限的时间内完成尽可能多的事情，只能同时做多件事情。"比如，一边在网上聊天，一边写文档，另外一边还要听课，还时不时喝喝饮料。实际上，多任务推进并非高效的方法。因为，每次将注意力从一件事转移到另一件事的时候都会消耗很多的时间和精力。这时候可以通过 Chunking（将大块的时间集中利用在部分事情上）来解决问题。例如，把一周内需要做的某几件事情打包，集中精力去完成；一天当中，集中某几个小时独自工作，剩下的时间与其他人一起工作。Chunking 结合了集中精力处理一件事情的优点和一天要处理多件事情的需求。通过 Chunking 可以提高集中力和生产力。

所谓战略，就是做好最重要的事情，要抛弃次要的事情。集中也是如此。为了最大限度地利用有限的时间，必须能够抛弃相对次要的事情，为此要学会拒绝，拒绝不必要的事情，并且要时刻思考目标。要能够勾画出自己所希望的成功的蓝图。奥普拉·温弗瑞说："我领悟到人不可能一下子拥有一切，也不可能同时做所有的事情。"亚历山大·格雷厄姆·贝尔说："太阳光在聚焦之前不能烧毁任何东西。"

从繁忙的工作中暂时解脱

只知道工作而不知道休息的人就像永不停歇的汽车一样。

——亨利·福特

你能读懂没有逗号和句号的文章吗？也许能够读懂，但是一定会非常吃力。音乐也是如此。如果不停地唱歌，不仅唱歌的人会痛苦，听的人也会觉得难受。休息就是人生的逗号，是犒劳自己在过去一段时间辛勤工作，重新审视走过的路，同时为未来作打算的宝贵时间。持续工作而不休息的人，或许在短期内能够有所收获，但从长期来看是不会成功的。因为，我们不可能一直以百米冲刺的速度跑马拉松。

我以前所在公司的社长把休息当作一种犯罪。他经常炫耀自己只在结婚时休息了一天，那一天也是他唯一的一次休假。他强迫下属也像他一样。有同事如此说："他自己和老婆关系不好，回家也没事干，可是我们回家事情多着呢，干吗在放假的时候把我们都叫过来和他一起加班啊？"这个社长确实工作很努力吧？结果，公司还是倒闭了。工作狂比酒疯子还要可怕。他从来没有回顾过自己的过去，也没有照顾过自己的家人，更没有关心过下属。亨利·福特说："只知道工作而不知道休息的人就像永不停歇的汽车一样。"现在想想看，他确实就像从未停歇过的汽车一样。

一味工作而不事休息是不可能真正出什么成

果的。休息是为了接下来更好地工作。我在美国攻读博士学位的时候，曾有一段时间因为出不了什么成果，实验进行得不顺利，非常烦躁。做实验的前一天晚上我加班加点赶做实验，结果，第二天正式做实验的时候出了事故。当时需要换一下齿轮以改变器具的速度，结果因为不小心手指被夹了。幸亏不是什么大事故，而我也因此有了三四天的休息时间。如此一来，我切切实实地感受到了不休息、只工作的代价。过去 20 年间发生的重大事故，包括切尔诺贝利核电站泄漏事故、埃克森 · 瓦尔迪兹号（Exxon Valdez）邮轮泄漏事故、印度 Bhopl 翻车事故、三里岛核事故等，大部分都发生在夜间，大都是因为当班的人长时间睡眠不足、疲劳作业。休息不仅仅是为了歇一下，休息还担负着“修理”我们身体的重任。睡眠有时候是最好的补药。

休息应该以“4R”为目标

● 首先是 Retreat——以退为进

暂停正在做的事情，尝试之前没有做的事情。休息是一个节点，它需要你忘记日常生活，暂停正在做的工作。对大企业的 CEO 来说，最豪华的休假是在没有互联网，也没有电话、通信网的地方度过的。微软的比尔·盖茨就在没有互联网、也没有手机网络的地方度过自己的“think week”。诗人黄东奎也说：“只要是手机打不通的地方，都是很好的修养地。”

● 其次是 Refresh——充电

耶稣住在以弗所（Ephesus）的时候，闲暇时就养鸽子。有一天，一个地方官吏打完猎回去，经过耶稣家的时候看到耶稣在和鸽子玩儿。那个官吏很是看不惯，责备耶稣为什么这么大人了还无所事事，跟鸽子玩儿。听到责备，耶稣反而提醒官吏说，他肩上背的弓箭的弦松了，官吏说："弓箭不用的时候弦当然是松的。如果弦总是紧绷的话，打猎的时候就射不到猎物了。"耶稣说："我心中的弦现在也在休息，只有这样，以后才能让真理之箭射得更准。"

第三是 Reflect——自我反省

俗话说，"累死叫花子"，也有的说，"能者多劳"，其实并非如此。忙不忙并不重要，重要的是为什么而忙。忙的汉语意思是"没精神"，而休息给了我们恢复精神的机会。休息的时间是回顾过去的岁月、设计未来的时间。"人最不幸的事情就是不知道走进一个舒服的房间坐下休息"，布莱士·帕斯卡（Blaise Pascal）说。

第四是 Recreation——"休身"静心

休息的时候，你会发现平时没有发现的事物，神奇的 Ideas 也会随时冒出来。一次成像照相机也是其发明者在休假的时候听到女儿说“要是能马上看到刚才照的照片就好了”，从而发明出来的。

平衡在生活当中的重要性是众所周知的。以健康为代价而取得的成功、以牺牲家庭生活而取得的成果、以失去朋友为代价换来的收获，都不是真正的成功。工作和休息间的平衡、工作和家庭间的平衡、工作和各种兴趣生活的协调、脑力劳动和体力劳动的结合、理性思维和感性思维的结合……必须时刻谨记这些平衡的重要性。如此说来，犹太人的安息日、七年一次的安息年都是非常贤明的制度。

设定目标以后当然要全力以赴，不过在这个过程中，适当地把握好平衡、适当地休息也是必需的。我想起某个牧师曾经说过：“不是人在守护安息日，而是安息日在守护人。”

适当犒劳一下辛勤工作的自己吧。

选择好书的标准

生活会因为我们读什么书而改变。
好书会让我们的生活更加丰富、幸福。

!

选择好书是读书的首要任务。如果单纯因为人家说读书有好处，就随便读一些自己丝毫没有感触、没有意思的书，那是一件痛苦的事情。有的人虽然下定决心要好好读书，但是怎么也读不进去，那是因为他没有选到好书。从这个角度来

说，好书应该是让人爱不释手的书，找到好书时的兴奋感是无与伦比的。那么，如何才能选到好书呢？

首先，要培养选好书的眼光

要多看、多买，经历多次失败的购书经验，除此以外没有别的方法。这跟要学会买东西就要多买，要认识贵人就要先多认识人，都是一样的道理。购买、阅读很多书后，选书的眼光自然会越来越好，如此一来，就会更加爱读书。没读过什么书的人不会有那样的眼光，所以选书的时候就会失败，如此一来，就会越来越远离书籍。巨作来源于多作，多写多画才能成为巨匠。但是，光靠看书是不够的。要自己出钱买书，亲自品尝失败的苦果和胜利的果实，这样，才能切身感受到下次绝对不能买怎样的书，怎样的书一定要买来看。我每年买大约两百本书，这个习惯已经坚持了十多年。虽然我选书的眼光在不断提高，但是直到目前为止，成功的几率也没有超过三成。

选择好书的其中一个标准是看作者

只要是我喜欢的作者出的书我一定买，比如小说家崔仁浩和朴婉绪。我也喜欢收藏旧本书籍。《朝鲜日报》著名的专栏作家赵龙宪的书我大部分都买，我还喜欢法顶大师的书。外国作家中我比较欣赏彼得·费迪南·德鲁克（Peter Ferdinand Drucker）、史蒂芬·柯维（Stephen R. Covey）、杰瑞米·雷夫金（Jeremy Rifkin）、罗伯特·西奥迪尼（Robert Cialdini）、蒂姆·哈福德（Tim Harford）。我不会买我不了解的作者的书。连作者都不知道是做什么的，这样的书，我不想读，因为缺乏信任感。另外，我也比较挑出版社。如果作者我比较熟悉的话另当别论，如果作者和出版社都不熟悉，这样的书我通常觉得不值得信任。

选书的时候看“序”非常重要

序里介绍了作者通过这本书要传达的核心思想。大部分的书，只要看序，就可以了解它想要说什么。如果是自己感兴趣的话题就选择，如果看了序却不知道作者想说什么，或者觉得他说的没有道理，就不要选择。如果是评著，就要看译者后记。除此以外，字体的号数和粗细也很重要。字体太小的书，我索性不选择，我也不会选太厚的书。薄厚、字体大小合适，都能给一本书加分。

购书的途径也很重要

买书必须花自己的钱。因为我本身就是作家，经常到处去介绍自己的书，不少出版社都会定期给我寄来他们的新书，这当中只有一成的书是我喜欢的。我自己买的书当中也只有三成是满意的，所以，出版社一相情愿寄给我的书只有一成是我满意的，这也是理所当然的。我不在网上购书，因为有时候和期望值相差太远了。我定期去书店选书，而且经常去不同的书店。每个书店展示书的方法不同，所以在这个书店没有发掘到的好书，可能会在那个书店发现。

选择好书的最重要条件是有好的信息

最简单的方法就是看报纸上的书评。我一般看三份报纸，其中一份是《经济新闻》，这三份报纸上的书评我都会仔细阅读，随手记录下印象比较深刻的书名。周刊或者杂志上的书评我也不会放过。同时我也经常让认识的人给我推荐好书。去做采访的时候，我会问被采访的 CEO 们读什么书，最近读过什么让他们感动的书。以这些信息为基础，自己再到书店去选书，这就是我选择书籍的方法。

有个概念叫“恩书”。指的是像恩人一样带给过自己恩惠的书。对我来说,《成功人士的七个习惯》就是这样的书。我读这本书的时候正在工厂工作,工作压力大、工作时间长、上司无情、工资少得可怜,我被这一切折磨着。其实,当时的状况我并不是不可以忍受,只是一想到那样的日子不知道要过到什么时候才是个头,我就感到很难过。因为我看不到未来。一个偶然的机会,我读了这本书。读到了有关主动(Proactive)的一段话:“我们不能改变我们会碰到的人和事,但是可以选择对事物的想法以及作出什么反应。这就是所谓的主动的生活。”这些话顿时令我觉得眼前一亮。从那以后,我对待生活的态度彻底改变。我不再自怨自艾,而是积极地去思考其中有什么样的机会以及怎么做才是正确的。所以说,生活会因为我们读什么书而改变。好书会让我们的生活更加丰富、幸福。

↘ 变化不会突然发生。变化发生之前一定会有很多信号和征兆。贤明的人可以根据事前征兆预测未来，愚蠢的人则只会满腹牢骚，怀念过去。

心得分享

心得分享

建立全新的关系

21 世纪是知识的时代。这个时代的人分为两种：有知识的人和没有知识的人。个人也应该根据时代的潮流调整自我。

“知识社会的竞争比以往任何时代都要激烈。因为在知识时代，任何人都能够非常方便地接触到知识。”也因为如此，如果在这样的环境里不能取得成功，你找不到任何借口。今后，贫穷的国家可能会更贫穷，只有重视知识的国家才能生存发展。在知识社会里，任何人都能通过努力建立自己的社会地位，所有人都能进行自我提升。比起以前的社会，知识社会将有更多的人可以取得成功；同时，也将会有更多的人失败或者沦落。脑力劳动者可以把自己所在的集体当作实现自己目标的道具，脑力劳动者拥有自己的劳动工具，他们随时都有自由转移到拥有更多机会成功、获得成就感或者升职的地方。因此，彼得·德鲁克说，脑力劳动者和所在集体的关系是相互依存的关系，而不是单向依存的关系。

个人和集体的关系有必要变得更加理智和明确。贸然要求集体为自己的生计负责的方法已经行不通了。如果公司本身就前途未卜，又怎么可能为个人的生计负责呢？新时代最大的变化正是个人和集体的关系的变化。现在的职场一族正面临巨大的挑战，工作机会在不断减少，一份工作的有效期也在缩短。有的人没有地方可去、去到哪儿都难以适应，有些人却因为选择太多了而兴奋得要命。可以确定的是，个人的经历只有靠自己去积累；为了利用好来之不易的机会，平常还要多学习。从名校毕业、在大企业工作过、有这个资格证那个资格证，这些都不是能够依靠一辈子的东西。每个人都要自己去发现、决定、开发在工作中需要的经验，只有自己可以设计自己的人生、对自己负责。这是摆在现代社会职场人面前的难题。

变化不会突然发生。变化发生之前一定会有很多信号和征兆。贤明的人可以根据事前征兆预测未来，愚蠢的人则只会满腹牢骚，怀念过去。所谓“四十五岁危机”已经不再是什么新概念、新鲜事了。过了四十五岁，人人都开始担心快要退休，担心退休以后无事可做，通常只有社长和一小部分人过了五十岁还有继续留在公司工作的机会。现在的年轻人大学毕业了都找不到工作，如果毕业于一流大学，情况可能会好点，但同样有人找不到工作。理科学生都希望上医科大学，这是理所当然的，因为他们看到了工科大学毕业的父母或者前辈的发展情况，看到博士毕业的前辈得不到什么好的待遇，甚至被单位辞退，为生计奔波，他们自然会去选择比较有保障的科目。今后的情况会如何呢？专家们预测，情况只可能更糟糕。每一天，终身职的数量都在减少，合同职位都在增加。根据项目需要随时建立和解散的合约方式（Free Agent）的工作在不断增加，一般公司内部除了核心业务以外，其他业务也都采用外包（Outsourcing）的方式。

现存的职位和职业急速减少，新形态的职位和职业将出现。不管有没有事情都一样上班，懒散地做公司吩咐的事情，这样的工作将不复存在，而专业性比较强的工作将会增加。很多企业将会转化为合约形式或者一人企业的形式，这就是所谓的自鸣型未来。我就以这样的形式在工作。职场形态的变化是自然现象，它之所以会变化，是因为现在的形态已经不能再适应生存的需要。除了核心力量，其他部分都采用外包方式，只需要各个领域的专家；为了适应大环境的变化而只保留最核心的人员，其他部分尽量采用较为灵活的方式，这就是未来企业的特点。

在高速成长的企业工作会比较轻松。即使能力有所不足，只要接受培训，也能胜任所负责的工作。但是随着竞争变得越来越激烈，企业将没有能力为员工支付更多的培训成本。企业会直接录用具备岗位所要求的能力的员工来创造成果，而非花大力气进行培训等着员工以后做出成绩。因此，企业录用新职员的数目会越来越少。

企业在变化，个人相应也需要改变。培养自己独有的专业性、不断强化自己的专业性，从而使自己具备可以“销售”的能力，发展已有的雇佣关系，学习团队合作工作的技巧，全力以赴做好所负责的项目，无论结果能否获得认可，都要坦然接受。

“把自己的未来都献给公司，同时可以得到终身职的保障，这种传统的企业文化已经在逐渐消失。在自由职业时代，能够自由支配自己的时间是一种福气。要不要去玩儿可以不受工作或者同事的影响而自由掌控，是让人愉快的事情。为了做到这一点，必须要确定优先顺序、作出选择、学会说不。必须先定义成功，整理与人生目的相关的个人价值和理念。确定优先顺序从根本上讲是价值观的问题。

为了过上自由职业者的生活，要学会‘出售自己’和自我定价的方法；调整自我，学习能力开发，学习在各种生活要素中找到平衡。没有哪所学校可以教会你这些。不管做什么事情，只有最近你做的事情和项目能够保障品质，过去的名声或者经历都不能保证品质。过自由职业生活的人是只受雇于自己的人。这虽然值得自豪，但是同时也意味着没有“代打”（可以替代自己的人），不管做什么事情都要亲自上阵，而且要做好随时能够跳出去加入竞赛的准备。这样的生活比在公司工作要孤独得多。而且这样的人要经常到处走动，对会议时间或工作时间几乎没有话语权；他们也没有办公室或者秘书，他们出售的是影响力，得到的是权利。这样的工作虽然带给人自豪感，但是没有什么大的抱负。”以上是查尔斯·汉迪（Charles Handy）在他的书《大象与跳蚤》里说的话，其中大象代表大企业、跳蚤代表自由职业者（Free Agent）。

我曾经在公司工作过很长时间。早晨上班，傍晚下班，有事情的时候当然要坐在座位上工作，即使是无事可做或者已经完成工作的时候，也一定要坐着等到下班为止。那时候我经常这样想："我把自己的青春和热情全部奉献给公司了，公司也要保障我的一生。我每天的黄金时间都是在公司度过的，公司也应该对我有所表示。"在24小时不间歇运转的工厂工作期间，这种想法尤其突出。奔波于各种会议之间、被无数工人缠着不放、还要看上司的脸色行事，一周差不多七天都在工作。工资虽少，却要对包括品质、生产、安全、效率、数百名职员等在内的一大堆事情负责。那时，我把所有的时间都奉献给公司了，公司永远排在第一位。人们见面的时候都习惯介绍自己是某公司某部门的某某某，也就是说，所有的一切都是因为公司而存在的。而我的不幸，我没有足够的时间和家人一起度过、我没钱买想买的东西，甚至我没时间做运动导致体重增加，这一切也都是公司造成的。我脑袋里装的只有公司，与公司有关的人、与公司有关的业务。公司人员一多，除了上班时间，平常下了班也要和同事们一起活动，连爬山都是和同事一起。我个人的生活就是公司生活的延长，基本上没有时间考虑自己的私人时间。

如此一来，对公司的感情仿佛变成了一相情愿的单相思。我心想，我这么热爱公司，可能公司并非这么热爱我吧。而且，所谓的公司，其所指的对象是很不明确的——是我的直属上司，是大老板，还是新来的 CEO？如此一来，我时不时就会因为“公司如果不再热爱我了，该怎么办”之类的想法感到不安。我会不由自主地把所有的事情都和公司联系起来，或者说不得不和公司联系起来，我讨厌这样的生活。那时候我就决心要实现职业上、经济上、时间上的独立，从大企业出来几年以后，这些我都做到了。

现在，我学习有关组织和领导力的知识，写作或者翻译与此相关的文章，给企业或者政府机关授课或者做咨询，举行 Workshop，为 CEO 做培训。我把本来投入到某一家公司的时间和智慧提供给了多个客户。少了上司或同事的牵绊，却分给了客户更多的时间。有的朋友以为我的生活很自由，觉得羡慕。但自由是有代价的，自由并非只有好处。我必须打起精神，在紧张中度过每一天："没有了以前所在公司提供的保护伞，我要更加严格地要求自己。人生是我自己的，没有了可以依靠的地方或者借口，要自己挖掘客户的需求、自己维持客户，还要将自己打平磨圆。"

以前我是为公司做企划，现在我是为自己做企划并执行。我要把握好客户需求，考虑如何开发适合客户需求的 Contents（内容），并使之商品化。以前我只要见公司同事或者相关的人员，现在我见的人比以前要多得多，而且要努力维持好和他们的关系。首先是客户以及因为相关项目要见的人——定期见面做咨询的人，安排讲座和

Workshop 的人，因为翻译和书籍出版而见面的人，帮助做广告的人，书评、撰稿相关的人，以及电台作家和制作人，等等。其次是帮助我进行知识扩展和 Contents 更新的人。另外，还有听我讲义的大学生、顾问、几个非正式的学术团体、帮我做外围宣传的人，等等。

以前我只是在工厂上班，和员工一起开会、检查设备、视察工厂，现在我等于是随身带着自己的工厂见客户。与客户见面的时候，要即席完成生产、销售、接受订单、做宣传等一系列的事情。因此我更是忙得不可开交。如今没有一个人提醒我要早早起床、约会时不要迟到、要多读书，但我自己会非常自觉地清晨起床、读很多书、永远带着好奇心观察周围的事物。

因为我是自由职业者，我是为了成为大象而正在辛勤工作的跳蚤。

与公司一起变好